誰でもできるけれど、ごくわずかな人しか実行していない成功の法則 決定版

ジム・ドノヴァン

桜田直美 訳

ディスカヴァー
携書
125

はじめに

「人は生きるために生まれる。
生きる準備をするために生まれるのではない」
ボリス・パステルナーク（旧ソ連の詩人・小説家）

1　私はどん底から立ち直った

あなたは疑問に思っているかもしれない。「この男に、こういう本を書く資格があるのだろうか」と。しかし確かに私には資格がある。それは実際に経験したからだ。私はどん底まで落ち、そして戻ってきた。精神的にも、肉体的にも、感情的にも、経済的にも、とにかくすべてが最悪だった。だが驚くべきことに、私はあの最低の人生からこうして生きて戻ってくることができた。それもすべて、この本に書かれているようなことを実践したおかげだ。

さまざまな出来事や状況が積み重なって、私の人生はまさに破滅してしまった。私はトイレ共同の小さなアパートに住んでいた。場所はサウス・ブロンクス、ニューヨークの中でも特別に治安の悪い地域だ。それに、あのゴキブリ。今でもうなされる。私は週四十五ドルの家賃でさえまともに払えなかった。稼いだわずかばかりの日銭はすべて酒に消えていった。酒癖が悪いために友だちにも見捨てられた。生活は不規則でろくな食事もとっていなかったために、健康状態はどんどん悪化していった。

どん底の生活だ。行き着くところまで行ってしまっていた。家財道具をすべて売り払い、車の中で眠り、ときには何日間も食べ物がないときもあった。アパートを追い出されるのをはじめとする、ありとあらゆる屈辱を受けた。もっとも、あんな生活に屈辱はつきものだ。その当時、私がやらなかったのは盗みと物乞いぐらいだった。

2 必ず希望はある

私はどん底まで落ちていった。もう我慢できないレベルにまで達していた。そのとき、心の声が「こんな生活は終わりにしろ、今すぐに！」と叫んだのだ。

何が転機になったのかは正確にはわからない。だが、私が耐えられないほどの心の苦痛を経験し、自殺を考えるまでに思いつめたことは確かだ。しかし私は決心した。変わるか、または死ぬかだ、と。率直に言って、あの時点の私には、どちらでも大した違いはなかった。

私はなにも、同情を得ようとか感心させようとか思って苦労話をしているわけではない。私の体験を話すことで、どんなに破滅した人生を送っていても必ず希望はあるということを、わかってもらいたいだけだ。

3 誰でもできるシンプルな方法

おそらく、この本を読んでいる人のほとんどは、かつての私ほどひどくはないだろう。仕事も、家も、家族も、ちゃんとあるに違いない。だが、誰でも悩みを抱えている。あなたの状況が私のほどドラマチックでなくても、もちろん同じくらい重要な問題だ。

経済的な問題を抱えている人もいるだろう。または、将来の見込みがまるでない仕事について、リストラの心配をしている人もいるかもしれない。健康に不安を抱えている人もいるだろう。家族との関係に悩んでいる人もいるはずだ。

または、すべてがうまくいっているが、さらに上をめざしたいという人もいるかもしれない。誰でも、大きく成長して新しい自分を見てみたいと思うものだ。人生に上限などない。常に上をめざすのは、人間として自然なことだ。

この本に書かれている方法は、どれもシンプルで誰にでもできることばかりだ。実行に移せば、現在のあなたがどんな状況にあろうとも、必ず理想の人生を実現できるだろう。

現在の私は、自分の好きな仕事をし、人々の人生によい影響を与えることができている。私はこの仕事に全身全霊で取り組んでいる。毎朝、期待と興奮とともに目を覚まし、一日が始まるのが待ち遠しくてしょうがない。私の支えになってくれる素晴らしい妻と幸せな結婚生活を送り、愛情にあふれた家族、素晴らしい友人にも恵まれている。ペンシルヴァニア州の美しい森に夢のような我が家も持っている。

想像すらできなかったような素晴らしい人生だ。だが何よりも、私はついに心の平安を得た。私の人生には目的がある。あなたの人生と同じように。私たちはみな、自分にしかない特別な力で世界に貢献するために存在しているのだ。人生というドラマの中で、みなそれぞれの役割を持っている。

4　読むだけではだめです。実行してください！

この本を活用しよう。読むだけではだめだ。実践しよう。この本を利用して、最高の人生を実現しよう。今すぐ始めてください。あなたも、あなたの家族も、最高の人生を生きる価値があるのだから。これがあなたの人生だ。リハーサルではない。

この本の使い方

できると思うから、できるのである。
ヴェルギリウス（ローマの詩人）

1 実行しよう

実行してこそ、この本は本当の効果を発揮する。どんなにたくさんの本を読んでも、読むだけだったら何も変わらない。私たちのほとんどが、すでに何をするべきかを知っている。問題は、本当にやっているかどうかということだ。この本に詰まった情報はただの机上の空論ではない。効果の保証された法則だ。私は実際にこれらの方法を使ってきた。そして、先人から教えられたこれらの法則を、今度はあなたに伝えようとしている。私の人生は劇的に変化した。そして、私に効果があったのだから、もちろんあなたにも効果があるはずだ。私は、セミナーやワークショップでこれらの方法を教えてきた。そして参加者が変化していくのをこの目で見てきた。ただ実行に移すだけでいいのである。

2　やるのは、あなただ

人生の成功を手に入れることは、誰にでも可能だ。だが、それは自分で達成しなければならない。私にはあなたの人生を変えることはできない。どんな本でも、それは無理だ。結局、すべて自分にかかっているのである。

ここに書かれていることを無批判に信用してはいけない。実行し、テストし、疑問を持つ。自分の信念に反するような方法なら、無視してかまわない。自分にとって効果のある方法だけを選べばいい。これはあなたの人生だ。あなたは最高の人生を生きる価値がある。夢に見た生活を手に入れる資格がある。成功した人生を送ることは、あなたの権利だ。

さあ、シートベルトを締めよう。これから、信じられないくらいエキサイティングで、パワフルで、壮大な旅に出るのだから。あなたはさまざまな刺激を受けるはずだ。しかもこの旅は、続ければ続けるほど素晴らしくなっていく！　では、よい旅を。そして人生におけるさまざまな経験を楽しんでください。

夢に見た人生を実現するために、今、始めよう。

誰でもできるけれど、ごくわずかな人しか実行していない成功の法則　決定版◎**もくじ**

第3章　自分を信じる

第4章 人生を自分で創る

第5章　ゴールを達成する

第6章　体と心を整える

第7章 恐れを克服する

第8章 困難を乗り越える

第9章 行動する

第10章 「成功の道具」を使う

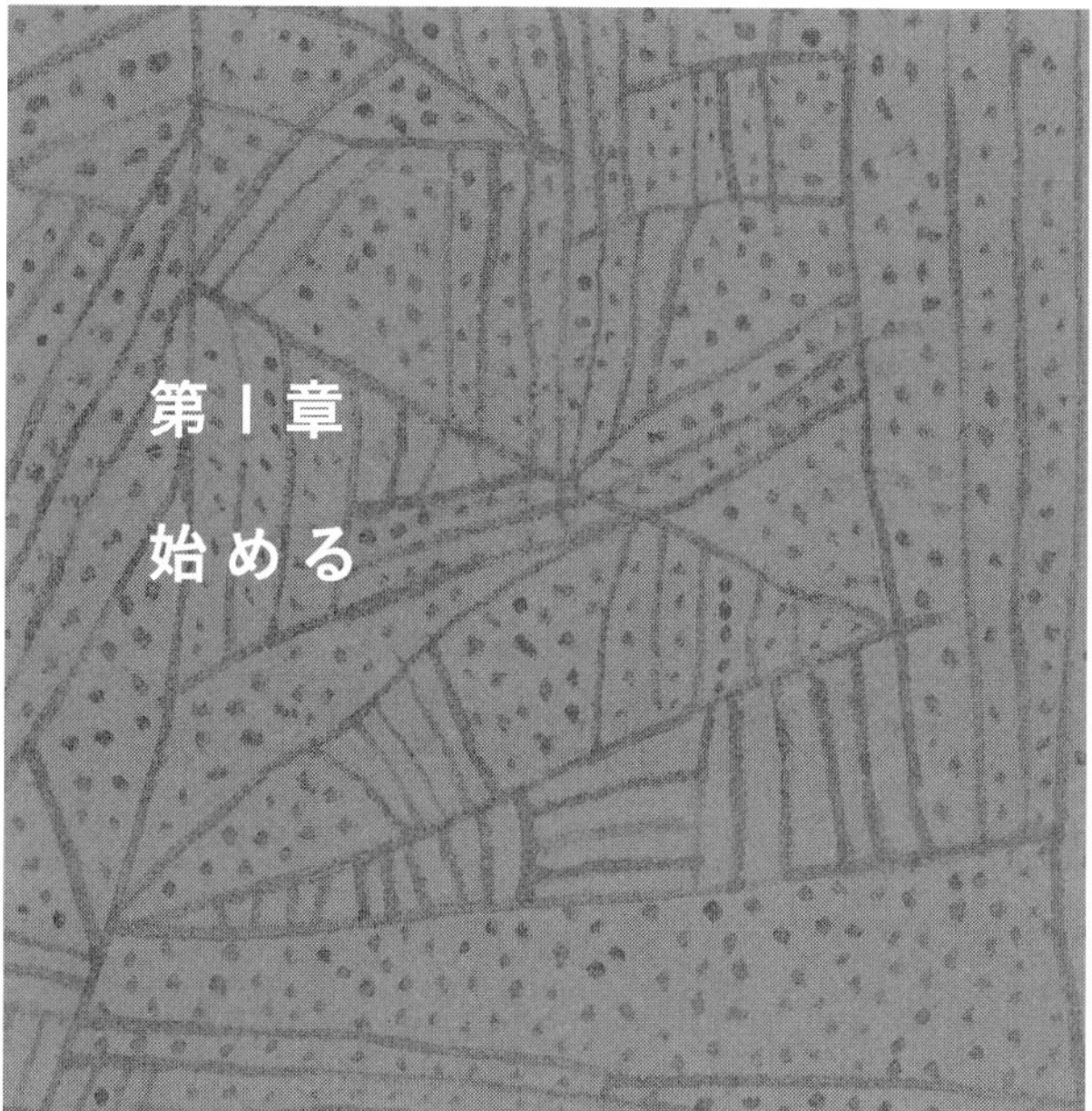

第1章 始める

「結局のところ、語られることのほうが
実行されることより多い」

作者不詳

1 今すぐ、始める

今しかない！　あなたが先に引き延ばしているものが何であれ、とにかく今、それをやろう。これがあなたの人生だ。リハーサルではない。常々やりたいと思っているのに、どういうわけかまったく実行しないできてしまったものは何だろう？　私がここで言っているのは、日常的なごく些細なことだ。「結婚する」とか「ビジネスを始める」とか、そういう大きな目標を言っているのではない。

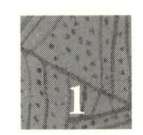

私にとってそれは、イルカと泳ぐこととグライダーに乗ることだった。これといって特別なことではないのに、私はなぜか、何年もの間それを延ばし延ばしにしてきた。なぜだろう？　なぜ私たちは、人生が永遠に続くかのように錯覚しているのだろう？

私たちがこの地球上で与えられた人生の時間は、本当にわずかなものだ。それが真実だ。もし百歳まで生きたとしたって、母なる地球の歴史と比べたら、ほんの瞬きみたいなものだろう。

あなたは何を先に延ばしているだろう？　前々からやりたいと思っているのに、人生が永遠に続くと錯覚しているせいで、延期してしまっているものは何だろう？

新聞の死亡欄を読んでみよう。そこに名前の載っている人々は、まさか今日自分が死んでしまうとは思っていなかったはずだ。あなたを傷つけるつもりはもちろんないが、ショックを与えるつもりなら大いにある。さあ、現実に目覚めてください。これがあなたの人生だ！

＊成功への提案 I　先延ばしにしてきたものに、すぐ手をつけよう。

2 行動を起こす

自分の人生を軽く扱ってはいけない。今、この瞬間を、きちんと生きなくては！　前からスカイダイビングをやりたかった？　エジプトのピラミッドを訪ねたかった？　イルカと泳ぎたかった？　ナイアガラの滝を見たかった？　やりたいけれど先延ばしにしてきたことが何であれ、今、それをやると決心しよう。そのために計画を立てる。必要なものを調べる。費用はいくらかかるか計算する。とにかく、行動を起こすことだ。

この本を書き始めたとき、私はまだグライダーで飛ぶことを経験していなかった。本当にやりたかったというのに、なぜかやっていなかった。実行に移さない理由なんてどこにもない。ただ単に、先延ばしにしていただけだ。それはいつでも「いつかやる」のリストに入れられたままだった。

その「いつか」は、「今」だ！　ここでみなさんに喜んでご報告したいのだが、この本の最後の手直しをおこなっている現在の私は、実はグライダーで飛ぶことを経験済みだ。私は、自分自身の言っていることを実践すべく、「いつかやる」を「今やる」に変更した。まことに気分がよかった！　実行すること自体は、本当に簡単だった。必要なのは、行動を起こすことだけだ。

ノートに次の質問の答を書いてみよう。

・前からやりたかったことは何だろう？
・それにはどんな準備が必要だろう？
・実行予定日はいつにしよう？

＊成功への提案２　計画を立てることからでいい。行動を起こそう。

3
好きな仕事をする

あなたは誰の人生を生きているのか？　あなたは自分の夢を生きているか、それとも、誰か他の人の夢を生きているのか？

あなたの人生の中で、他人に決められた部分はどれくらいあるだろう？　他の誰かの望みのせいで、嫌いな職業についてはいないだろうか？　やりたくないことがあっても、自分の「役割」だからとあきらめていないだろうか？　父親、母親、娘、息子、友人、夫、妻として当然のことだと、無理に自分を納得させていないだろうか？

あなたはどこへ行ってしまったんだ？　自分の意見など、どうでもいいのか？　自分の人生を生きることは、理にかなっているだけでなく、精神衛生上もとても大切なことだというのに。

もし、特に好きでもない職業についているのなら、自分にこうたずねてみよう。「もし、もう一度、一から仕事を始めるとしたら、何を選ぶだろう？」

中には、引退してから本当にやりたかった仕事を始める人もいる。今度は好きな仕事をしているため、多くの人が大きな成功を収める。テレビドラマの『オール・イン・ザ・ファミリー』で主人公のアーチー・バンカーを演じ、後には映画『夜の大捜査線』で警察署長を演じた俳優のキャロル・オコナーが、四十代まで高校教師をしていたことを知っている人は少ないだろう。教師ももちろん立派な仕事だが、彼は素晴らしい演技の才能を授かっていた。オコナーが自分の夢を追求してくれたおかげで、私たちは彼の素晴らしい演技を楽しむことができるのである。

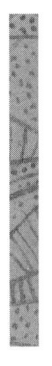

＊成功への提案3　あきらめないで、好きな仕事を見つけよう。

4 自分のための時間をつくる

人生の行き先を決めるのはあなたしかいない。私はなにも、一晩ですべてを変えろと言っているわけではない。だが、自分の人生を目的の方向へ導くために、今から始めることならできるだろう。

たとえば、演技の道に進みたいのに、経済的な責任があるために「まともな仕事」につかなければならないような場合でも、地元のアマチュア劇団に参加すれば望みをかなえることができる。多くのそういった役者たちが、週末になればクリエイティブな自分を発揮できることを知っているために、毎日九時から五時までの仕事を楽しくこなしている。

もし、あなたの時間が「会社員」と「夫」「父親」という役割だけで費やされているなら、自分のための時間を持つようにしよう。もうひとつの夢を追求するための時間をつくろう。

自分の面倒を見るのは自分勝手なことではない。自分を愛するように隣人を愛しなさいと、聖書にも書いてあるだろう。「自分の代わりに隣人を愛する」とか「自分よりも隣人を愛する」とは、どこにも書いていない。自分自身を、誰か大切な人のように扱おう。自分のために何かする時間を持つようにしよう。

もし現在、胸くそ悪くなるような仕事についているのなら、方向転換の計画を立て始めよう。新しい仕事につくためには、もう一度勉強する必要があるかもしれない。

＊成功への提案 4　自分自身を、誰か大切な人のように扱ってみよう。

第2章

ものの見方を変える

**「人間に残された最後の自由は、
どんな状況にあっても、
その中で自分の態度を決めることだ」**

ヴィクトール・フランクル（オーストリアの精神医学者）

5

ものの見方を変える

何年も前、まだニューヨークに住んでいたころ、私は仕事に行くのによく地下鉄を利用した。ホームにはいつでも電車を待つ人が大勢いた。

ときどき、電車が何かの理由で遅れることがある。そんなとき、何人かの人は心配したりイライラしたりして、電車を「到着させよう」としていることに、私は気がついた。そういうタイプの人はどこにでもいるだろう。私はそんな人を「せっかちさん」と呼んでいる。

「せっかちさん」は早足でホームを行ったり来たりして、腕時計をちらりと見ると、今度は身を乗り出して電車が来る方向を眺める。彼らは、この「うろうろ」「見る」「乗り出す」という一連の動作を何度も繰り返す。まるでそうすれば、電車が早く到着するかのように。そうこうするうちに彼らの血圧は上昇し、首の血管が浮き上がってくるのである。

もちろん、「せっかちさん」がどんなにイライラしたって、電車が早く来るわけではない。

うろうろしたって、時計を見たって、身を乗り出したって、電車には何の影響もない。ただやっている本人のストレスがたまるだけだ。この状況は、明らかに「せっかちさん」のコントロールを超えている。自分の無力を悟っていれば、彼らはもっと幸せで心穏やかでいられることだろう。この話の教訓はこうだ。変えることのできない状況はたくさんあるが、状況に対する見方を変えることならできる。見方を変えれば、その状況が自分に与える影響を変えることもできる。

この「せっかちさん」のように、変えることのできない状況にイライラして心の平安を乱してしまう人は、みなさんの中にどれくらいいるだろう？

＊成功への提案 5　自分のコントロールを超えた状況にいらだつのはやめよう。

6 自分の思い込みについてよく知る

「思い込み」は、私が最も好きな話題のひとつである。人は人生で望む物事をすべて手に入れることができる。それを邪魔するものがあるとすれば、それは自分についての思い込みであり、自分の能力と自分が住む世界についての思い込みだけだ。人生で達成したすべてのこと、またはこれから達成するすべてのことは、思い込みの支配を直接受けているのだ。

思い込みとは、あなたがずっと考えていること、または何度も自分に言い聞かせてきたことである。思い込みは子供のころから形づくられる。何かに初めて挑戦して、失敗したら、そこで「自分はだめだ」とレッテルを貼ってしまう。

たとえば、十歳か十二歳の時に初めてバスケットボールをしたが、まだ体が小さかったのでうまくできなかったとする。そんな場合、「自分はバスケットボールができない」と思い込んでしまいがちだ。しかしそれは本当ではないかもしれない。思い込みが本当であることはめったにないのだから。

もっと一般的な例としては、一度自分のビジネスを始めようとして失敗した人があげられる。そういう人は、自分はビジネスに向いていないと思い込み、もう二度と挑戦しようとしない。

これは本当に悲しいことだ。なぜなら、ビジネスで成功している人でも、そのほぼ全員がたくさんの「失敗」を経験しているからだ。両者の違いは、自分についての考え方と、失敗のとらえ方である。ビジネスの「失敗」を、自分はビジネスで成功できない証拠だととらえる人もいれば、失敗は単なる一時的な後退だと考え、それを将来の教訓にしようとする人もいるのだ。

＊成功への提案6　自分のさまざまな思い込みが本当なのかどうか、考えてみよう。

7

思い込みに左右されない

おそらく、最も人の気持ちをくじき、大きなダメージを与えるのは、他人や社会一般から与えられる思い込みだろう。

人は子供のころ、「おまえはまだ小さいからできないよ」という大人の言葉を何度も聞き、それを信じ、その思い込みを一生抱えてしまう。何か難しいことに直面すると、「小さいからできない」という考え方を当てはめ、自分はこの世界で「小さい」存在だと見なすようになる。

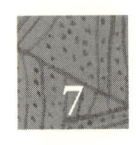

何年か前、小さなビジネスの起業家のための出版業を始めたときのことだ。私は、そのような人たちに業界情報を提供する雑誌にはニーズがあると思いつき、それを始めることにした。正直なところ、私は雑誌の出版について知識も経験もほとんどなかった。しかし自分の直感を信じ、とにかく挑戦することにした。地元紙に広告を出して広告販売の専門家を募集し、何人かと面接をした。

最初の号を出版した翌日、面接をした人のひとりが電話をしてきた。彼は結局私のところで働かないことにしていた。面接をしたのは六月の初めで、最初の号が出たのは九月の最初の週だった。広告主に約束したとおり、レイバー・デイ（九月の第一月曜日）に間に合わせたのだ。その男性は私に「いったいどうやったんですか？」とたずねた。私は「何のことですか？」と聞き返した。

彼は「どうやってこんなに早く雑誌を出したんですか？　ほんの二ヶ月前、あなたはまだ準備を始めたばかりだったのに」と言った。私はしばらく考え、その人に本当のことを言った。雑誌の出版まで「普通は」どれくらいの時間がかかるのか、私はまったく知らなかった。必要な時間についての思い込みがなかったのだ。

彼の話では、新しい雑誌を刊行するには、少なくとも六ヶ月は必要らしい。しかし、それは事実ではない。単に彼の思い込みに過ぎない。私は経験がなかったおかげで、そのような思い込みを持たず、三ヶ月以内に雑誌の出版にこぎつけたのである。

＊成功への提案７　「できない」という思い込みを脇に置いて、そのことに挑戦してみよう。

8 思い込みの力を利用する

あなたが生みだす結果は、あなたの行動によって決まる。問題は、私たちのほとんどが自分の能力には限界があると思っていて、ある物事を達成できないと考えてしまうことだ。自分の可能性のほんの少ししか活用せず、限られた行動しかとらず、そしてまずい結果しか残せない。そんなことは当たり前だ。

この原則の例をひとつあげよう。ある人がダイエットをしようと決め、最初の何日間かは健康的な食事に挑戦する。しかし、思ったように体重が減らないのですぐにあきらめてしまう。または、営業の電話を数本かけて断られただけで、この仕事は自分に向いていないと考える。彼らがすぐにあきらめてしまうのは、自分の能力を信用していないからだ。

ありがたいことに、逆のこともいえる。その気になればできないことはないと心から信じれば、無限にある自分の能力をさらに活用し、行動も格段に増やし、そして素晴らしい結果を生むだろう。

この法則のいい例が、『こころのチキンスープ』の著者であり、私の友人でもあるジャック・キャンフィールドの物語だ。ジャックと共著者のマーク・ヴィクター・ハンセンは、シリーズ第一作を百四十以上の出版社から断られている。彼らは自分たちと本を心から信じていたので、そこであきらめず、何軒も出版社を回った。そしてついに、アメリカン・ブックセラーズ・アソシエーションという比較的無名の出版社が出版を決意したのだ。『こころのチキンスープ』は、ノンフィクションの本が持つ記録のほぼすべてを塗りかえ、無数の類似本と、七十以上のライセンス契約商品を生みだした。

　これらの偉業が達成されたのは、ひとえにジャックとマークが自分たちは成功できると確信していたからであり、本の価値を信じていたからだ。この確信があったからこそ、彼らはあきらめず、何軒もの出版社を回ったのである。「もし現在の出版社からも断られていたら、どうしていたでしょうか？」とたずねられると、彼らはこう答える。「出版社めぐりを続けたでしょう」

＊成功への提案８　どうせ思い込むなら、「きっとできる」と思い込もう。

9

ありのままを受け入れる

成功した人生を手に入れるためには、受け入れる心が何よりも大切だ。

受け入れるとは、自分自身を受け入れることであり、自分の状況を受け入れることであり、自分を取り巻く世界を受け入れることである。

それらの理想の姿ではなく、ありのままの姿を受け入れることだ。否定するのをやめ、自分自身に対して正直になることだ。

状況を分析し、自分の力で変えることのできないものがあれば、それを受け入れることだ。自分の力で変えることのできるものがあれば、それを変える勇気を持つことだ。そして、両者の違いを見分けることができるよう賢くなることだ。

もっと受容的になるために、以下の言葉――静穏の祈り――を唱えるようにしてみよう。

私には、

変えることのできないものを受け入れる静穏な心、
変えることのできるものを変える勇気、
両者の違いを見分ける知恵が、
備わっている。

＊成功への提案 9

変えることができないものを受け入れよう。
変えることのできるものは変える勇気を持とう。

10 自分を否定しない

ここで言う否定とは、たとえば、理想体重より二十キロほどオーバーしているのに、自分は骨太なんだと無理に思い込もうとするようなことだ。あなたは本当に骨太なのか？それとも食べすぎと運動不足のせいで体重が増えただけなのか？

現在の自分の姿をきちんと受け入れよう。それがいいものであっても悪いものであっても。自分に正直になり、今自分がいる場所をきちんと認識しよう。これはなにも、理想体重になるためにダイエットをするのをやめろと言っているわけではない。ただ単に、まず初めに現在の自分の姿を正確に知る必要があると言っているだけだ。

アルコールやドラッグ、食べ物、ギャンブルなどの依存症を克服した人は、まず初めに自分自身の問題を認識し、それを受け入れることを学んでいる。そして受け入れることによって、問題を自分のものにできる。つまり、それを自分で変える力を持つことになるのである。

まず、現在の状況は、意識的にせよ無意識にせよ、自分がつくり出したのだと宣言する。その状況に責任を持つ。そして、変えようと決心する。

「こうだったらいいなあ」という姿ではなく「本当の」姿を受け入れることができれば、幸せで成功した人生に一歩踏み出すことになる。

＊成功への提案10　まず受け入れよう。そうすれば変えることができる。

11 自分で自分をほめる

ほとんどの人が自分に対してネガティブなイメージを持ってしまっている。主な社会問題——麻薬中毒、アルコール中毒、十代の暴力犯罪などなど——は、貧弱な自己イメージと低い自尊心が原因だ。犯罪者のほとんどが、自分に自信を持っていない。刑務所に行って犯罪者と話をしてみればすぐにわかるだろう。まず最初に気づくのは、彼らが話す間ずっと床を見ているということだ。自尊心の低さを表すのに、これほど確かな証拠はない。

私のワークショップに、集まりに出かけて知らない人に会うのが嫌いだという女性が参加したことがある。「自分が退屈な人間なのがばれてしまうから」と、彼女はその理由を説明した。本当はその女性はとても知的な人なのだが、低いセルフ・イメージのせいで、自分の可能性を狭めてしまっている。

ある作家は、私たちは努めて自分をほめるべきだと言っている。あなたも自分をほめてみよう。特に低いセルフ・イメージを持っている場合には。現在の自分の自尊心のレベルを知りたかったら、簡単な方法がある。鏡の前に立って、「私は自分をほめる」と大きな声で言ってみよう。それで落ち着かない気分になったり、恐ろしくさえなったりするかもしれないが、それはごく普通のことだ。このエクササイズをおこなって泣き出してしまった人を、私は何人も知っている。だが、これを何度も繰り返しているうちに、自分自身や人生一般に対しての感じ方が、徐々に変わっていくのに気づくだろう。先ほどの作家は、「私は自分をほめる」という言葉を何度も唱えたり書いたりするように勧めている。それも、一日に三百回から四百回だ！

　誰かにほめられたら素直に「ありがとう」と言うようにしよう。相手の言葉をさえぎって、「大したことじゃないよ」などとは言わないで。あなたにはほめられる資格がある。愛される資格がある。幸せになる資格がある。

＊成功への提案11　あなたにはほめられる資格がある。自信を持とう。

12 完璧な人でなく完璧な自分になる

あなたは完璧な人にはなれないが、完璧な自分にならなれる。私は以前から、自分の人生は制作中の絵画だと考えてきた。画家が絵に取り組むように、私も自分の人生にさまざまな色を塗ってきた。私は常に、変化し、成長し、進化し、磨かれてきた。一度に少しずつではあるが。そしてもちろん、私の人生という絵は決して完成しない。変化し、成長することが、人生そのものなのだから。

自分の人生の中で変えたいところが決まれば、成功への道をすでに歩き出したことになる。そのための具体的なプランの立て方などは後で書くとして、とりあえず、何を変えたいかを決めてみよう。何を変えたいかを明確にするためには、以下のようにするといい。

人生において、主要な分野は次の六つだ。間隔をあけて、紙に書いてみよう。

・人間関係（家族、友人、会社……）
・仕事

・健康
・精神、感情
・経済
・教育

それぞれの分野で、あなたが変えたい、または向上させたいと思うものは何だろう？ たとえば、太りすぎで健康に問題があるのなら、「健康」の項目にそのように書く。もし収入が自分の希望より少ないのなら、「経済」の項目に「収入を増やす」と書く。

誰でもとりあえず全部の項目に何かしら書き込むことになるだろう。それでもかまわない。すなわち、私たちが常に向上していることを示しているのだから。

＊成功への提案 12　自分の何を変えたいのか、まずはっきりさせよう。

13 ネガティブな態度をやめる

成功した人生へのひとつの鍵は「態度」だ。あなたの態度は、人生のすべての局面に影響を与える。あなたは、自分の問題をいつでも何か外側の原因のせいにするような人だろうか？　ほとんどの時間を沈んだ気分で過ごしているような人だろうか？　私はそうは思わない。そういうタイプの人は、そもそもこの本を手にとったりはしないだろう。だが、たとえいつも前向きな気分で過ごしていても、落ち込むときは必ずある。一時的に持ち直しても、ネガティブな態度をそのままにしておくと恐ろしい結果が待っている。ネガティブな態度でいると、自主性も規律もなくなってしまう。「だからどうした？」「どうでもいい」という態度は、理想の人生を手に入れるために行動を起こす気持ちをくじいてしまう。

ネガティブな態度は、次のようにして私たちから可能性を永遠に奪ってしまう。かつて人生のどん底にいたとき、私は「だからどうした？」「そんなのは無駄だ」という態度を身につけていた。どんなことをしてもこの惨めな境遇から抜け出せないと思っていた。何か自分以外のものに責任があると考えていた。どうせどん底に落ちたのだから、これ以上悪くなりようがない。だが実際は、人の堕落に限界はない。どんどん下に落ちていく。私はそれを、苦痛とともに学びとった。ネガティブな態度で責任転嫁を続けていたので、私はどんどん落ちていった。

私は、自分の人生に責任を持ち、人のせいにするのをやめ、人生に残されたわずかなよい面を積極的に探そうとした。すると、私を取り巻く状況が変化し始めた。状況を好転させるには自分に対する「規律」が必要なのだが、ネガティブな態度のままでいると、この規律が失われる。そして人生のどん底から抜け出せなくなる。「だからどうした?」のような態度をとり続けると、状況はどんどん悪くなるばかりだ。ネガティブな態度を前向きな態度に変えることが何よりも重要だ。そのためには、この本に書かれているような原則やテクニック、アイデアが、あなたの助けになるだろう。

＊成功への提案13　外側の原因のせいにするのをやめ、自分の人生に責任を持とう。

14 いつでもポジティブな姿勢でいる

友人で仕事仲間のジェフ・ケラーに電話をすると、「心の姿勢がすべてさ（Attitude is everything.）」という元気な声が返ってくる。これは彼の人生における第一の哲学であるだけでなく、彼の会社の名前であり、最初の著作の題名でもある。

ジェフは、気分がなんとなく落ち込んだときに話したくなるような人のひとりである。なぜなら彼は、いつでも助けになり、勇気づけてくれるからだ。彼は長年にわたる素晴らしい友人であり、彼のメッセージは、自分がどんな人物になるか、人生で何を達成するかということに、心の姿勢が大きな影響を与えると教えてくれている。

ネガティブな心の姿勢をとっていると、人から嫌がられるだけでなく、能力も損なわれてしまう。ネガティブな精神状態でいるときに、独創的になって能力を発揮するのはほぼ不可能だ。あらゆる成功の可能性を遮断してしまうのだ。

妻の亡くなった母親は、ニュースで何かを見るたびに「ひどい話ね」と言うのが口癖だった。彼女が人生の大部分を不幸せな気持ちで過ごしたこと、そして調子はどうかとたずねられると絶対に「最高よ」と答えなかったことは、きっと偶然ではないだろう。

自分の言葉や考えることに気をつけよう。他人にかける言葉、自分にかける言葉に気をつけよう。あなたの潜在意識、目を覚ましている意識のすぐ下にある意識は、現実と想像の区別がつかないのだ。もし日常的に「嫌な気分だ……」と言っていたら、本当に嫌な気分になる。類は友を呼ぶ。これは宇宙の法則だ。

そのいっぽうで、いつでも気分よくいたいのなら、気分がよくなることに気持ちを集中させよう。気分がよくなるような言葉を自分にかけよう。「嬉しいことは何だろう?」「今日のいちばんいい出来事は何だろう?」というような、前向きな質問を自分にする。そうすれば、さらに気分がよくなるだろう。

＊成功への提案14　毎日、楽しいことを見つけるようにしよう。気分がよくなるような言葉を自分にかけよう。

15 感謝の気持ちを持つ

私の知る限り、ネガティブな態度からポジティブな態度に変わる最短の道は、感謝の気持ちを持つことだ。ひとつの方法として「感謝の日記」をつけるのもいいかもしれない。毎日、自分の人生で感謝していることをリストにして並べてみるのだ。

感謝しながら自己憐憫におぼれることは不可能であり、ほとんどのネガティブな態度は自己憐憫が原因だ。いわゆる「かわいそうな私」というやつだ。感謝の気持ちを持つだけで、惨めな自分から前向きな自分に変わることができる。

いちばん簡単な方法は、「今日は何に感謝しよう?」と自分にたずねることだろう。そして心に浮かんだことをすべて書き出してみる。人生の喜びのすべてに感謝したくなるはずだ。たとえば、丈夫な体、混乱のない心、愛のある家庭、満足できる仕事、快適な我が家、友人、ペット、などなど。

それら人生の大切な面をひとつひとつ数えあげ、感謝していることをリストにするのを、毎日の習慣にする。これを朝起きて最初にやれば、すぐに気分がよくなり、前向きな気持ちで一日を始めることができるだろう。

もし気分が落ち込むことがあったら、感謝の日記を読み直してみよう。それだけで、すぐに前向きな気持ちになれるはずだ。

＊成功への提案15　自分の人生のうまくいっている点をリストアップしてみよう。

16

とにかく行動を起こす

多くの人が、人生をただ「状況を眺める」ことに費やしている。自分の行動を決めかねて、考え込んでばかりいる。だが、大きな成功を収めた人に共通する特徴をひとつあげるとすれば、それは素早く決心して、その決心をめったに変えないことだ。一方、うまくいっていない人は、決めるまでに長い時間をかけ、その決定をあっという間に変えてしまう。もし何かを決めなければならない場面に直面したら、事実を慎重に吟味し、決断し、すぐに行動を起こすようにしよう。ほとんどの場合において、とりあえず行動するほうが、ただ座って何かが起こるのを待っているよりもいい方法だ。

私もかつて、仕事に行きづまって途方に暮れたことがある。臆病になったことも、混乱したこともある。独立して働いている人なら、私と同じような経験があるだろう。だが、とにかく行動を起こせば、たとえば、外に出かけて、人に会い、電話をし、手紙を書けば、状況は好転する。私はそれを学んだ。行動を起こせば、可能性が開けてくる。何かが起こるのをただ座って待っているよりも、とにかく何かをやったほうがうまくいくものだ。

人はとかく、事なかれ主義になりがちだ。特にストレスのたまるような状況では、その場から逃げ出して毛布にくるまっていたいと考える。恐怖のために身動きがとれなくなってしまう。だが、何もしないと、何も起こらない。それが問題だ。

行動を起こせば、とにかく結果が出る。どうしたらいいか途方に暮れてしまったら――特にビジネスの場では――何かやってみよう。最初に心に浮かんだことを、とりあえずやってみよう。行動を起こせば、そして立ち止まらずに続ければ、正しい行動が次第にはっきりと見えてくるはずだ。「人事を尽くして天命を待つ」の要領だ。やるべきことをやれば、次の一手は必ず見えてくる。

＊成功への提案16　どうしたらいいか迷ったときは、最初に心に浮かんだことを、とりあえずやってみよう。

17

自分は状況を変えられると信じる

ノートに現在の状況とその問題点を書く。そして、それぞれの問題点について、改善するために今すぐできることを書く。

状況をありのままに理解し、態度を変え、行動すると決心する。そこまでできたら、成功した人生を築くために次に必要な一歩は、信じることだ。自分はこの状況を変えることができると信じることだ。

どんな問題や困難でも、大切なのはそれを変えることができると信じることだ。問題を周りのせいにして、自分にはどうすることもできないと感じているのなら、自分には変化を起こす力があると信じるところから始めなければならない。

何を変えたいのかをはっきりさせ、状況を受け入れ、自分の人生をすべて自分のものにすれば、それらを変える力を手に入れることができる。

＊成功への提案17　問題を周りのせいにしてもしかたがない。自分の人生は自分で築こう。

第3章

自分を信じる

「絶対に失敗しないとわかっていたら、
何をしてみたいですか？」

ロバート・シュラー博士（アメリカの宗教家）

18

できると信じる

フォード自動車の創業者であるヘンリー・フォードはこう言った。「できると信じても、できないと信じても、どちらも正しい」。人生の質、行動、成果は、すべて自分の信念で決まる。これは心強いと同時に、なかなか厳しい言葉でもある。だが信念について詳しく見ていけば、これが本当であると理解できるだろう。

もう何年も前、私はサーカスの舞台裏を訪ねるという、めったにできない素晴らしい経験をすることができた。自由に歩き回って、ライオン、トラ、キリンなどのサーカスの動物を間近に見られるのだ。だが、象の前を通り過ぎたとき、私は何かがおかしいと思って立ち止まった。あんなに大きな動物なのに、前足にロープが結んであるだけなのである。鎖にもつながれていないし、檻もない。その気になればすぐに逃げ出せるはずなのに、象はそうしない。私はそばにいた調教師に、なぜこの巨大で美しい動物は、ただじっと突っ立っているだけで逃げようとしないのかきいてみた。「ああ、それはね」と彼は言った。「こいつらが子どものときから同じロープで縛ってるんですよ。まだ小さいからロープだけで十分なんですね。だから大きくなってからも、ロープがあれば逃げられないと思い込んでいるってわけです。小さいころからの習慣づけですね。逃げられないと思っているから、絶対逃げようとしないんです」。私は感心した。象はその気になればいつでも逃げることができるのに、逃げられないと思い込んでいるために、ずっとその場にとどまっている。

私たち人間も、この象と同じではないだろうか？　かつて失敗しただけで絶対にできないと思い込み、その場で足踏みしてはいないだろうか。今ならできるようになっているかもしれないのに、尻込みしていないだろうか。できないという思い込みだけで、新しいことに挑戦するのを避けてはいないだろうか。さらに悪いことに、誰か他の人の思い込みのせいで、できないような気になってはいないだろうか。

＊成功への提案18　「自分にはできない」というのは単なる思い込みではないのか、考えてみよう。

19

常識から自由になる

誰かが何かをできないと考えているからといって（その誰かが大勢であっても）、それが本当だとは限らない。思い込みと事実を混同しないようにしよう。かつて、人間は一マイル（約一・六キロ）を四分以内に走ることができないと考えられていたが、ロジャー・バニスターという人がみごとにその定説を覆した。現在では、高校生でも一マイル四分以内で走ることができる。それから、地球は平らだと考えられていた時代もあった。もちろんそれは間違いだ。だがクリストファー・コロンブスという青年が現れるまで、それは広く信じられていた。また、ルイ・パストゥール以前、細菌やバクテリアなど存在しないと考えられていた。ただ目に見えないからという理由だけで。

ここでひとつ忠告しておく。常識や社会通念には注意しなくてはならない。それらのものにとらわれていると、多くの人が信じていることが事実になってしまう。たとえば、ライト兄弟は狂っていると考えられていた。人が飛べるわけがないと信じられていた。それに、馬車の代わりに自動車が登場することもなかっただろう。

あなたはこうたずねるかもしれない。「そんなことが、私の人生や成功とどう関係があるんだ？」ところがこれは、大いに関係があるのだ。

自分がどこまで努力をするか、どんなことを達成できるかは、自分が何を信じているかが直接関係している。ナポレオン・ヒルの有名な言葉にもあるように、「自信と確信があれば、達成できる」のである。

＊成功への提案19　思い込みと事実を混同しないように注意しよう。

20 自分の能力を信じる

もしあなたが独立して仕事をしていて、自分は営業が得意ではないと思い込んでいたら（営業とは関係ない仕事をしている人はたいていそう思っている）、自分の潜在能力をフルに発揮するほど努力することはあり得ない。そして、望んでいたような結果も得られない。

このことについてもう少し詳しく見てみよう。人間の可能性は基本的に無限であるという考えには、多くの人が賛成するだろう。では、なぜ自分の人生には限界があるのだろう？ほとんどの人が自分の無限の可能性を発揮できずにいるのは、できないという思い込みのもとに行動をしているからだ。できないと思い込んでいるために、最小限の努力しかしない。そのために行動も限られたものになり、結果も限られたものになる。

セールスの場合にあてはめて言えば、自分はセールスが下手だと思い込んでいれば、努力も中途半端になる。電話も二、三件しかかけないだろう。結果はたかが知れている。そのまずい結果をもとに、できないという思い込みをますます強くする。そしてこんなことを言う。「な？　だから売れないって言っただろう？」

その一方で、もし「自分はセールスが得意だ」という信念を持てば、もっと努力するだろう。自分に備わった創造性を大いに使い、積極的に行動する。信じる心と行動が一緒になれば、素晴らしい結果が待っている。成功している人々は、成功は努力の自然の結果だと考えている。

自分が成功すると信じれば、成功できるのである。目標を達成できる自分の能力を信じれば、その信念は現実の世界でも形を持つ。

＊成功への提案20　「自分はできる」と思おう。
そうすれば努力もするし、能力も最大限発揮できる。

21 自分を力づける信念を持つ

二十数年も前、私は訪問販売のセールスマンをしたことがある。私はそのとき十八歳で、初めてのセールスの仕事はとても楽しかった。

私は、勇んで毎朝早くから担当地域に出かけ、ドアのベルを押し、たいていの場合お昼過ぎにはひとつの商談を成立させた。それで平均以上の成果だったので、私は訪問を早めに切り上げ、オフィスに戻って書類を提出し、そのまま家に帰ってしまうことがよくあった。

マネージャーのウォルターは、私が早く帰宅しようとしているのを知っていたので、私をもっと働かせる方法を考え出した。実を言うと、彼の意図に気づいたのは何年も後のことだった。私がオフィスに帰ってくると、彼は私を呼び、ひとつ頼みがあると言った。地図の上で私の担当地域を指差すと、何週間か前にその地域を訪問したときに、買いそうな女性がひとりいたと言うのだ。そして「どの家だったかははっきり覚えてないが、端から訪問していけばいつか必ず見つかるだろう。探してみてくれないか」と。

それなら簡単に売れると信じた私は、マネージャーの話に乗った。外に出て、彼に教えられた地域で一軒一軒訪問し、そのたびに買いたがっている女性が必ず見つかったのだった。

マネージャーが言っていた女性は実は存在しなかったのだと気づいたのは、それから何年もたってからだ。彼はその地域に行ったことすらなかった。すべては、私をもっと働かせるためのつくり話だったのだ。この話の興味深い点は、ウォルターの話を信じた私が、そのたびに必ず商品を売ったことだ。私が売ることができたのは、顧客がいると信じていたからにほかならない。

人の行動は、「自分自身について信じていること」や「自分の能力や自分が住む世界について信じていること」と、常に一致している。だからこそ、自分を力づけるような信念を持つこと、理想の自分になるのを助けるような信念を持つことが、このうえなく大切なのだ。

＊成功への提案 21　自分が理想の自分に必ずなれることを信じよう。

22 夢を壊す人を避ける

自分でビジネスを始めたり運営したりしていると、家族や友人から「リスクを冒すな」という善意の助言をもらうことがよくある。「あなたにそれは無理だ！」という言葉を、私たちは何度となく聞かされる。

彼らは夢を壊す人だ。自分のできないという思い込みに縛られて、夢を実現させようというあなたの気持ちをくじこうとする。そういう人たちは無視しなければならない。どんなことをしても！

これはなにも、その資格のある個人や師からの助言を求めるなと言っているわけではない。ただ、できないという思い込みを持っている人、特に自分でビジネスをやっていない人が撒き散らすネガティブな病原菌を避けなければならないということだ。

そういう人たちは、相手が傷ついたり失敗したりしないようにと親切心から言っているのだが、結局相手の自尊心を損ない成功の可能性を奪っていることになる。

だから、自分の夢を打ち明ける人は注意して選ばなくてはならない。初めの段階では特にそうだ。もし、あなたが新しくベンチャー企業を興そうとしているのなら、夢を壊す人には注意しよう。

また、避けなければならない人は他にもいる。親切心ではなく、わざと相手の気持ちをくじこうとする人たちだ。彼らは、誰かの成功によって、自分の惨めな境遇を嫌でも直視しなければならなくなるのが恐いのだ。とにかく、そういう人たちはすべて避けるようにしよう!

＊成功への提案22　善意にしろ、悪意にしろ、夢を壊す人たちを避けよう。

自分を成功者と見なす

「実現するまではその振りをする」というテクニックがあり、これはなかなか役に立つ。なにも周囲の人をだませと言っているわけではない。自分で自分を成功者だと見なす、という意味だ。

成功した自分を思い浮かべてみよう。セールスを成功させ目標を達成している自分を、心の目ではっきりと見てみよう。自分は成功していると、何度も何度も自分に言い聞かせる。もちろん、ちゃんと行動をとっていることを確認しよう。聖書にもあるように、「行動の伴わない信仰は死んでいる」のだから。

人の潜在意識は、現実と想像の区別をつけることができない。営業の電話をかける前に、一呼吸おいてその場面を心の中で思い描いてみよう。役者のリハーサルや、スポーツ選手のメンタル・トレーニングと同じ要領だ。「私は営業が得意だ」と自分に言い聞かせよう。これを何度も何度もやる。特に電話をかける前には集中しておこなう。商談が成立するところを思い浮かべる。成功を肌で感じとる。

結果は素晴らしいものになるはずだ。私の話を信じるだけではだめだ。とにかく、実行してみよう。失うものは何もないし、成功すればすべてが手に入る。

できると確信していることは、必ず達成できる。これはずっと大昔から言われていることだ。人生を自分の手に取り戻し、可能性を最大限に発揮しよう。あなたは最高の人生を生きる資格がある。

＊成功への提案23　「自分は成功している」と何度も自分に言い聞かせよう。

24 理想の自分になったつもりになる

ノートに、夢の実現を妨げている「できないという思い込み」を三つ書いてみよう。「ビジネスを始めたいがお金が足りない」というものかもしれないし、「貧乏な家に生まれたから出世できない」かもしれないし、「骨太だから体重を減らすことができない」かもしれない。あなたの思い込みが何であれ、それを三つから五つ選んで書いてみよう。

次に、持ちたいと思っている新しい信念を三つから五つ書く。あなたは何を信じたいだろう？　どんな信念を持てば、理想の人生を手に入れることができるだろう？　現在の状況を改善するためには、どんな信念が必要だろう？

あたかもすでに目標を達成したかのように振る舞ってみよう。すでに理想の自分になったかのように、振る舞うのだ。たとえば、太りすぎで体力がなく不健康な自分を捨てて、スリムで体力があり健康な人になりたいのなら、すでにそういう人になったかのように振る舞ってみよう。食べ物を選ぶときは、自分にこうたずねる。「理想の自分なら、何を食べるだろう?」。もしベンチャーで成功したいのなら、すでに成功したかのように振る舞おう。いつでも見かけに気を配り、最高の服を着るようにする。ここでもう一度確認するが、どんな場合でも「成功している人なら、こういう状況でどのように振る舞うだろう」「理想の自分なら、どうするだろう」と自分にたずねるのを、忘れてはならない。

あなたの目標が、愛情深い親や配偶者になるというものだったら、今からそういう人のように振る舞おう。「本当に愛情あふれる人だったら、この場合どのように振る舞うだろう」と自分にたずねる。理想の自分に近づけるのなら、どんなに小さなことでもやってみよう。愛情あふれる人だったら、家族のために今日何をするだろう? なると決めた新しい自分になったつもりになろう。

＊成功への提案24　すでに目標を達成したかのように振る舞ってみよう。

25 手に入れたいものを毎日想像する

昔、古いポンコツの車に乗っていたころ、ずっと新車がほしいと思っていた。そのころの私は、ここに書いてあるような法則を学んでいたので、車の販売店でほしい車の写真をもらってきた。私は必要な情報をすべて仕入れた。値段、オプション、色など、その車についてならどんなに小さなことでも知っていた。そして、車の写真を机の前に貼り、毎日眺めるようにした。すると間もなくして、私は意中の車を手に入れたのである。成功しているすべての人と同じように、私はまず想像の世界で、それから現実の世界で成功した。

潜在意識は現実と想像を区別することができない。たとえば、長さ六メートル幅四十五センチの板が地面に置いてあるとする。その板の上を歩いて、反対側にある百ドル札を拾ってくれと言われたら、誰でも喜んで拾いにいくだろうし、何の問題もなくやってしまうだろう。だがその板を、今度は五十階建てのビルふたつの屋上を橋渡しするように置いたとしたら、誰もその上を歩こうとはしないはずだ。理論的に言えば、まったく同じ状況だ。

目の前にあるのはまったく同じ板だ。変化したのは、想像が介入した点だけだ。方程式の一方に想像力が加えられてしまっているのである。

論理と想像が争えば、想像が勝利を収める。この想像の持つ力を、自分に有利になるように活用しよう。自分のほしいものについて考える時間を、毎日つくるようにする。なりたい自分の姿を、細部まで詳しく思い描く。色、音、香りなど、とにかくできる限り細かい要素まで想像する。

潜在意識は、現実と想像を区別することができない。自分は健康で豊かだと何度も自分に言い聞かせれば、潜在意識はそれを信用し、あなたを成功へと導いていってくれる。

＊成功への提案25　自分のほしいものについて考える時間を毎日持とう。

26 理想に向かって進む

現在の状況と、理想の状況の間には、常にギャップがある。今よりさらに成長したいと願うのは、人として自然なことだ。現在の状況に感謝し、幸せを感じつつも、さらに上を目指すのは、まったく自然なことなのである。

もっと多くの愛、もっと健康な体、愛する人たちとのさらに豊かな関係、もっとやりがいのある仕事、さらなる創造性、そしてもちろん、さらに多くのお金を、欲しがらない人が果たしているだろうか？　今よりも多くの物を欲しがる人がいなかったら、世界の大企業のほとんどが存在せず、その結果多くの人が失業するだろう。

ビル・ゲイツ（マイクロソフト）、盛田昭夫（ソニー）、豊田佐吉（トヨタ）、ココ・シャネル（シャネル）、メアリー・ケイ・アッシュ（メアリー・ケイ）のような人たちが、自分で使う分しか製品をつくらなかったら、それらの企業に勤める多くの人たちは職を失ってしまっただろう。多くの物を欲しがるのは間違いであり強欲であると考える人たちは、この世界の仕組みがわかっていないのだ。

ここで言う「もっと欲しがる」とは、あなたや私のような人々が、自分のためだけでなく、願わくは社会全体にいい影響を与えるために、さらに上を目指すことを意味する。この世界の全人口が豊かに暮らすことは可能である。この世界に限界があるとすれば、それは人の頭の中にあるだけだ。

＊成功への提案26　現在の恵まれた状況に感謝を忘れずに、
しかし、さらに上を目指そう。

27

理想を自分に言い聞かせる

自分に言い聞かせ続ければ、自分の振る舞いが少しずつ変わっていくのに気づくだろう。たとえば、低カロリーの料理を選んだり、運動を始めたりしているかもしれない。ビジネス・チャンスについての会合に参加しているかもしれない。それはあなたが内面で努力を重ねてきた結果だ。

自分に言い聞かせる言葉は、シンプルで、前向きなものがいい。そして現在形で語るべきだ。なりたい自分を表す言葉のすべてを書き出してみよう。たとえば「毎日、何らかの形で、私はどんどん向上していく」というように。

私の場合は、「私は、健康で、豊かで、成功している」と、何度も自分に言い聞かせた。あなたも自分の目標に従って、自分なりの言葉を考え出すことができる。毎日必ず、できれば二十五回から三十回、またはそれ以上書き、鏡に向かって声を出して唱える。鏡を使う方法は非常に有効であり、進歩のスピードも格段に速くなるだろう。

以下に、「言い聞かせ」の例を集めてある。ここからひとつかふたつ選んだものか、自分で考えたものを、ノートに書いてみよう。

・私は健康で、豊かで、成功している。
・私は人生の豊かさを享受している。
・私は、素晴らしい、愛にあふれた人物だ。
・私は価値のある存在だ。
・私は幸せになる資格がある。
・私はリラックスし、心が安らいでいる。

＊成功への提案27　なりたい自分を表す言葉を書き出し、自分に言い聞かせよう。

28 うまくいっていることを探す

私と妻は、毎週一度いっしょに座り、カート・ライトの『ルールを破る』("Breaking the Rules")から借用した簡単なエクササイズをおこなっている。彼がこの本の中で使っている五つの質問のプロセスは、人の意識を行きたい方向に向けることができるという点でとても優れている。

ジョージアと私は、「何がうまくいっているか?」という最初の質問を使って、それぞれのビジネスでうまくいっていないことから意識をそらし、うまくいっていることに意識を集中するようにしているのである。

私たちは、仕事でうまくいっていることを思いつく限りリストにする。ときには短いリストで終わることもあるが、たいていの場合は長いリストになり、わくわくするような可能性に満ちている。

このエクササイズをおこなうことで、自分のしていることに対して自信が持てるようになる。私たちは、うまくいっていないことばかり考えてしまうことがよくある。しかも、そのようにして自分で自分の気分を滅入らせているのに、なぜ気分が滅入るのだろうなど と、また悩む。

うまくいっていることを書き終えると、自分のビジネスに対する自信が自然と湧いてくるはずだ。その結果、さらにビジネスがうまくいく。ここで「類は友を呼ぶ」の法則を思い出そう。人は、意識を集中しているものを、自分のところへ引き寄せるのだ。だから、いつもうまくいっていることを考えていれば、うまくいっていることをさらにたくさん見つけることができ、そしてより多く引き寄せるようになる。

＊成功への提案28　仕事で「うまくいっていること」のリストをつくろう。

29

うまくいっていることに集中する

「うまくいっていることは何か?」という質問を、ビジネスだけでなく人生のあらゆる分野で活用する方法について考えていきたい。

私は日々健康づくりにいそしんでいる。しかし、思ったほど成果が出ていないと感じるとき、または怠け心が頭をもたげるときもある。そんなとき、私は「うまくいっていることは何か?」のエクササイズをおこなうことにしている。自分がしていることのうち、完璧な健康という目標に近づけてくれるようなことをすべてリストにするのだ。そのリストには、たとえば、「週に四日か五日スポーツジムに通っている」「バランスの取れた食事をしている」「カフェインを摂らないようにしている」「糖分の摂取を減らしている」「ヨガの教室に通っている」「栄養学者に相談している」「マッサージを受けている」などの項目が含まれるだろう。その時点でリストが長かろうが短かろうが、とにかく私は、うまくいっていることに気持ちを集中させることができる。そしてその結果、自信がつき、目標に向かってがんばる力が湧いてくるのだ。

会議の席で、上司か他の誰かがこう言うのを、あなたは何度耳にしたことがあるだろうか。「さて、売上が落ち込んでいる。何が問題だろう?」。そしてそこにいる全員は、頭を絞って、目標としている成果を上げられなかった原因を探ろうとする。うまくいかなかった原因をいろいろと見つけだすのだ。そして、すっかり落ち込んで気を滅入らせて、部屋を後にするのである。うまくいかないことをあまりにも多く見過ぎたからだ。もしこれがセールス部門のミーティングで起こったとしたら、落ち込んだ気分のままでセールスに出かけなければならないだろう。

このようなミーティングに参加した後の心理状態ほど、セールスに向かないものはない。あなたにも似たような経験がないだろうか? おそらくあるだろう。もちろん、問題を知ることは大切だが、問題ばかり考えることに価値はまったくない。自信を持ち、夢に向かって着実に進んでいきたいのなら、うまくいっていることに気持ちを集中し、それをもとに努力を積み重ねることだ。

*成功への提案29　うまくいっていることを言い合うミーティングを開こう。

30

五つの重要な質問を自分にする

シンプルな「うまくいっていることは何か？」のエクササイズだけでも、望みのものに意識を集中する助けになるが、五つの質問を使った方法を使うとさらに効果が上がるだろう。うまくいっていることをいくつかリストにしたら、次の質問は「なぜそれはうまくいっているのか？」だ。

ビジネスの分野でうまくいっていることをリストにしたのなら、その項目は、人脈づくり、パンフレット、ダイレクトメール、ウェブサイトなどになるだろう。それぞれの項目について、「なぜうまくいっているのか？」と質問をするのだ。

三つ目の質問であり、私のいちばん好きな質問は、「何が理想だろう？」だ。この段階で、あなたは、可能なことのビジョンを本当に見ることができる。ある同業の友人は、次々とやって来る顧客を常に満足させ、その顧客の紹介によってさらに顧客が増えることを理想にしている。

次の質問は、「まだうまくいっていないものは何だろう？」だ。ここで注意してもらいたいのは、「何が問題か？」という表現ではないことだ。そのような表現はここでは使わない。「うまくいっていないことは何か？」という表現を使うことによって、あなたは、ただうまくいくように調整するだけでいいのだ、という気分になれる。そして「まだ」という言葉を加えることによって、いつかはうまくいくという意味にもなる。先ほどの同業の友人の例でいえば、うまくいっていないことは、彼の顧客は実際のところとても少ないという点だ。

これに気づくのはとても大きなステップである。なぜなら、現実と理想の間にあるギャップを見つけることができたからだ。

最後の質問は、「どんなリソースを持っているか？」だ。この質問によって、助けになってくれるかもしれない人と、目標を達成するためにしなければならないことがわかる。

＊成功への提案30　五つの質問への答えを、ノートに書いていこう。

第4章

人生を自分で創る

「人生とはおもしろいものだ。
最良のもの以外受けとるのを拒否すれば、
最良のものばかり受けとるようになる」

サマセット・モーム（イギリスの作家）

31 人生に変化を起こすと決意する

あなたがやることすべて――またはやらないことすべて――は、あなたの決定から始まる。朝、ベッドから出るかどうか決める。何を着るかを決める。仕事に行くかどうかを決め、仕事で何をするかを決め、誰と一緒に過ごすかを決める。これらの決定は、特に深く考えず無意識のうちに下されることがしばしばある。

長い目で見れば、私たちが下した決定、または下さなかった決定は、人生の方向に大きく影響する。朝ベッドから出ずに、仕事にも行かないと決めることもできる。だが、いつもこういう決定を下していると、そのうちに、仕事に行こうにも仕事自体がなくなってしまうだろう。だから、人生でほしいものを得るためのお金を稼ぐために、仕事に行こうと決めるわけである。

実際、人生におけるすべて――仕事、人間関係、健康――は、過去の決定や選択の結果なのだ。

人生に変化を起こしたいと思っているのなら（そう思わない人などいるだろうか？）、まず「変える」と決心しなくてはならない。もっと健康になりたいと思っているのなら、今すぐに決心しよう。先の見えない仕事にうんざりして毎日会社に行くのに嫌気がさしているのなら、今、ここで、何とかする決心をしなくてはならない。

＊成功への提案31　自分にふさわしい理想の人生を創り出すと決心しよう。今すぐに！

32

一瞬で変化を起こす

すべての変化の前には決定がある。変えると決心すれば、その瞬間から人生の方向を変えることができる。飲酒や食習慣、喫煙、ドラッグでさえ、それらの習慣を断ち切った人は、ある時点で変わろうという決心をしている。変化は決定の瞬間に始まる。確かにそこに至るまでは長い年月がかかるかもしれないが、変化しようと決心するのは一瞬の出来事だ。

本書の初めに、私は自分の体験を書いた。貧困のどん底まで落ち込み、人生が底を打った様子をみなさんにお伝えした。そこに至るまでは何年もかかった。私の人生は十年以上かけて少しずつ悪化していった。ほとんどの人がこういう経過をたどるだろう。人生は知らないうちに少しずつ悪くなっていき、どん底まで落ちて初めてそのことに気づく。

だが、変化は一瞬にして起こった。私はその瞬間を、まるで昨日のことのように覚えている。一九八六年の四月だった。私はサウス・ブロンクスのアパートの一室にいた。手持ちの金は三ドル八十五セントしかなかった。私の人生は破綻していた。すり切れたソファに座り、コートのハンガーをアンテナ代わりにしてテレビを見ていたのを覚えている。そのときの様子が目に浮かぶ。

私は天井に向かって手を伸ばし、神にこう言った。「もうだめです！　助けてください。そうでなければ殺してください。こんな生活は耐えられません」。その瞬間を境に、私の人生は変化した。私の中の何かが変わったのだ。

希望の兆しを感じとり、それ以来まったくアルコールを必要としなくなった。酒への執着が消えてなくなった。あれは私の人生における奇跡だった。一瞬の出来事だった。もちろん、再生の道はもっと長い時間がかかり、それは今でも続いている。成長の余地は常にあるのだから。

＊成功への提案 32　この瞬間に変化すると決心しよう。

33 今、こう変わると決める

ノートに自分の決意を書いてみよう。次に、日付を書いて署名をする。内容はたとえば、次のようになるかもしれない。

私は今日、自分の健康に責任を持ち、体に悪い食べ物を食べないと決意した。口に入れるものを注意深く選び、健康を害するような食べ物を拒否する。プライベートの時間を使って自分のビジネスを始め、将来の経済的安定に備えると決心した。まず今あるチャンスをそれぞれ試し、その中からひとつ選び、それから最善を尽くして新しいビジネスを推進する。

書き終わったら、きちんと署名しよう。変化し、行動すると決意すれば、よりよい、より楽しい人生へ、一歩踏み出したことになる。

＊成功への提案33　自分をこう変えるという決意を書いてみよう。

34 夢を見る

フロリダ州オーランドにあるディズニー・ワールドについて、素晴らしい話がある。あるリポーターがウォルト・ディズニーの弟のロイ・ディズニーにインタビューしたとき、こう言った。「ウォルトがまだ生きていて、この開園が見られればよかったのに。残念ですね」。ロイはすぐに答えた。「ウォルトが最初に見たんですよ。そのおかげで、今あなたが見ているわけです」

ウォルト・ディズニーには夢があった。彼は、夢の見方、それも大きな夢の見方を忘れなかった、数少ない人のうちのひとりだ。何かを想像できるのなら、夢に見ることができるのなら、実現できることを彼は知っていた。夢をはっきりと思い描き、その夢を追い求めれば、必ず現実になる。ディズニー王国が何よりもそれを証明している。聖書も「幼子のようになれ」と言っている。ウォルト・ディズニーはその言葉を忠実に守り、現在のような娯楽王国を造りあげた。

子どもは何の苦もなく想像したり夢見たりする。子どもにクリスマスに何がほしいかときけば、返事は長いリストで返ってくるだろう。だが、大人に同じ質問をすると、「わからない」「何でもいい。そんなにほしいものもないし」といった答が返ってくるはずだ。なぜ私たち大人は、自分のほしいものさえわからなくなってしまっているのだろう。なぜ与えられたものを受けとるだけの人生に満足しているのだろう。夢見ることを恐れ、ほしいものを要求するのをためらっているのは、いったいなぜなのだろう？

＊成功への提案34　ほしいものを思い描き、それを追い求めよう。

35

自分は夢見る資格があると信じる

私たちは与えられたもので満足するべきなのだろうか？　何かをほしがる資格はないのだろうか？　神は誰か他の人のために、この地球上に素晴らしい物や経験を創り出したのだろうか？　そうではないと思うなら、すべての栄光と驚異は自分のものでもあると思うなら、夢見ることをまた一から学ばなければならない。

「夢みたいなことばかり言うな！　現実的になれ！　頭をしゃきっとさせろ！　今あるもので満足しろ！」

聞き慣れた言葉はあるだろうか？　普通に人生を歩んでいれば、これらの言葉を両親や、教師、友人から、何度となく聞かされてきたはずだ。彼らにしてみれば、悪気はなく、助けになろうと思ってのことなのだろうが、効果はまるで正反対だ。

もちろん、今あるものに感謝することも大切だ。実際、自分の幸運を確認し感謝を捧げることは、強力なエクササイズであり、毎日やると大きな効果が期待できる。だが、よりよい、より大きな未来を夢見たからといって、今あるものに感謝していないわけではない。ただ、さらによい未来を求めているだけなのだから！

宗教家のノーマン・ヴィンセント・ピールはかつてこう言った。「大きな人生を望むなら、大きな夢を見なくてはならない」。理想の人生を手に入れたいのなら、もう一度夢見ることを始めなければならない。本当にほしいものを思い出そう。子どものころ、何がほしかっただろう？　昔は大きな夢があったのに、忘れてしまっているかもしれない。あなたは、今、人生に何を望むだろう？

＊成功への提案35　本当にほしいものを思い出し、もう一度夢見ることを始めよう。

36 夢を持ち続ける

この世の中にあるものすべて——生活や仕事を楽にする機械などの発明品、今までにうたわれた歌、今までに書かれた本、その他大きいものも小さいものもすべて含めた人類の業績——は、考えることから始まった。すべての偉大な業績は、それを成し遂げた人の夢から始まった。

マーティン・ルーサー・キングには夢があった。ガンジーにも、マザー・テレサにも、ウォルト・ディズニーにも、トマス・エジソンにも、キュリー夫人にも、ヘンリー・フォードにも、ビル・ゲイツにも、ベン&ジェリー(アメリカのアイスクリームのブランド創業者)にも、エスティ・ローダーにも、スティーヴ・ジョブズにも、ジョージ・ルーカスにも、ダイアナ妃にも、ジョン・F・ケネディにも、アンドルー・カーネギーにも、ココ・シャネルにも、その他、人類の歴史の始まりから現在まで偉大な業績を残した人すべてに、夢があった。

今、私が送っている生活は、数年前の私の想像から始まった。森に囲まれた郊外の住宅に愛する妻と暮らし、好きな仕事をする自分の姿を、私は想像した。そして今、私は夢見たとおりの生活を送っている。私の著書や記事に触発されて行動を起こした人々から、毎日のように手紙を受けとっている。著作と講演を通じて世界中の人にメッセージを伝え、私が学んだことを彼らと分かち合っている。

もちろん、今の私には新しい夢がある。何かを達成するごとに、さらに多くのものを手に入れるたびに、私の夢は大きくなる。これは、宇宙が膨張していくのと同じ、自然の法則だ。

＊成功への提案36　この世にあるすべてのものは夢から始まった。夢を見よう。

37 人生に何を望むか明確にする

ここで少しだけ、私が魔法の杖を持っているという振りをしてみよう。私がその魔法の杖をあなたの頭の上で振ると、あなたはほしいものを何でも手に入れることができる。これは魔法の杖なのだから、制限などない。望むものは何でも手に入る。やりたいことは何でもできる。なりたいものは、何でもなれる。あなたが望むものは何だろう？　できないことは何もないとしたら（これは魔法の杖なのだから）、夢は何でもかなうとしたら、あなたは何を望むだろう？　マッターホルンに登りたい？　イルカと一緒に泳ぎたい？　七つの海を航海したい？　オリエント急行に乗りたい？　ディズニー・ワールドに行きたい？

新しい仕事につきたい？　自分でビジネスを始めたい？　新しい技術を身につけたい？　楽器がひけるようになりたい？　外国語を習いたい？　新車がほしい？　色は？　メーカーは？　新しい家は？　別荘も？　新しい家具？　ステレオ？　テレビ？　ビデオ？

カメラ？　コンピュータ？
体重を減らしたい？　健康になりたい？　髪型を変えたい？　病気にならないようにしたい？　体力をつけたい？

収入を増やしたい？　どれくらい？　投資や貯金をしてはどうだろう？　収入が一カ月十万円増えたら、または百万円増えたら、それを何に使うだろう？　または、一千万円増えたら？　あなたは、それが可能だと信じるだろうか？　それぐらい稼いでいる人は、実際にたくさんいる。大事なことは、彼らも私やあなたと同じ人間だということだ。唯一の違いは、彼らは自分の人生に何を望むかをはっきりと知り、それに向かって行動していることだ。大きな成功を収めている人々が自分の望みを追求しているという事実は、まことに興味深い。なぜなら、彼らは社会に大きな貢献をしているからだ。「いちばん多くを捧げるものは、いちばん多く受けとる」ことになるのだ。

＊成功への提案37　望むものをはっきりさせよう。そうすれば必ず達成できる。

38

どんな変化を起こしたいかリストアップする

私は、かつて落ちるところまで落ちたとき、望んだような人生を手に入れるには、いろいろと大きな変化を起こさなければいけないことに気がついた。私は、精神的にも、肉体的にも、ものすごい苦痛を味わっていた。だから、この人生を変えるためなら何でもしようと考えたのだ。私は習慣を変えた。住む場所を変え、仕事を変えた。そして、聴く音楽さえ変えた。夜遅くまでの乱痴気騒ぎを、早朝のひとり静かに過ごす時間と交換した。夜更かしの生活をあらためため、睡眠パターンを変え、以前の帰宅時間を起床時間にした。

人はよく、人生を変えたいと言う。よりよい人間関係を望んでいる人もいれば、体重を減らしたい人、ビジネスを始めたい人、もっとお金を稼ぎたい人もいる。しかし、それまでしてきたのと同じことをずっと続ける。そして何も変わらない。両方は無理なのだ。狂気の定義は「同じことを繰り返して、違う結果を期待すること」だ。

あなたはどんな変化を起こしたいだろうか？　本当に欲しいものは経済的な安定なのに、空いた時間をネットサーフィンやテレビに費やしていないだろうか？　夜テレビを見る時間を使って学校に通い、何かスキルを身につけたり新しいことを学んだりすれば、夢の生活に近づくことができる。金融、ビジネス、投資についての知識を増やしたいのなら、仕事を終えたあとで通える講座がたくさんある。

夢、目標、計画、そしてそれらを達成する方法については、後で詳しく見ていくが、とりあえず今のところは、以下にあげた人生の主要分野で今すぐ変えられることをリストにし、それをノートに書き込んでおこう。

・心
・個人の成長
・健康とフィットネス
・家族、友人、その他の人間関係
・キャリアとビジネス
・お金と投資

＊成功への提案38　自分が起こしたい変化を、実際にノートに書き出そう。

39 夢を実現させる方法を考える

あなたは人生で望むものを何でも手に入れることができる。夢はすべて実現する。これは、何がほしいかを決め、それに向かって行動する意志を持つだけの問題なのである。

ノートに自分の夢を書いてみよう。やりたいこと、なりたいもの、ほしいもの、誰かと分かち合いたいものを、すべて書いてみよう。どうやってそれらを実現するかについては心配しなくていい。今のところは、自分が本当にほしいものについて知るだけで十分だ。思いつく限りのものをリストにしてみよう。どんなに突拍子のないことでもかまわない。後から本当に必要なものだけに絞り込めばいいのだから。

現実的な考えにとらわれてリストを編集してしまってはいけない。「できるわけがない」「そんなもの、高すぎて買えないよ」という心の声を無視しよう。耳を貸してはだめだ！心の声に「今は黙ってろ」と命令しよう。理性や理論も大切なものだが、夢を見る場合は必要ない。ほとんどの人が自分の潜在能力に気づかずにいるのは、やってみもしないうちから理性に「やめろ」と言われてしまっているからだ。

つまりこういうことだ。あなたが「高級車がほしいな」と考える。すると、その夢が自分の中に根づく間もなく、理性の声が「バカを言うな。どっからそんな金が出るんだ？」と口を挟む。とりあえず理性の声を無視して、欲望に身をまかせる方法を学べば、意中の新車を手に入れる方法はいくらでも見つかるだろう。たとえば、カー・ディーラーの仕事について試乗車を使わせてもらう方法もある。懸賞で当てるという方法もあるだろう。お金を貯めて買うというオーソドックスな方法だっていい。大切なのは、理性にたしなめられる前に、想像力をフルに発揮して望みを実現させる方法を考えることだ。

＊成功への提案39　とりあえず理性の声を無視して、夢を実現する方法を考えてみよう。

40 自分でつくりあげた壁を壊す

あなたは、「もし〜を持っていたら、私は幸せになれるのに」のように考えることがないだろうか？　燃えるような夢を持っているのに、どうしても超えられない壁のせいでかなえられないと考えていないだろうか？　その壁は、自分の頭の中で勝手につくりあげたのか、それとも誰か他の人がそこに置いたのか？

何年も前、私はビデオ教材のアイデアを思いついた。問題は、ビデオを制作するのに必要なリソース（資源。ここでは、個人が持つお金や物から能力や資質までを意味する）を持っていなかったことだ。販売に耐えうる画質のビデオを制作するのは、とてもお金がかかる。私は何年もそのアイデアを眠らせ、ずっと「いつかはつくれるだろう」と考えていた。

ある日、偶然それは私の誕生日だったのだが、「現在持っているものを使って、どのように望みを達成することができるだろう？」という質問を使って考え方を変え、自分でつくりあげた壁を壊すことができるという内容の本を読んだ。私はその質問を応用し、「私が現在持っているリソースは何だろう？」と自分にたずねた。そして、ビデオはつくれないかもしれないが、今あるリソースで本を書いて出版することならできると気がついた。その日、私は最初の本を書きはじめた。こうして私の人生は一変した。

おもしろいことに、その本は完成せず、今にいたるまで出版されていない。しかし本を書きはじめたことで、私はまったく新しい仕事をするようになり、目的意識もはっきりした。私は今までに、本を四冊出している。それらはさまざまな言語に翻訳され、世界中で売られている。これはすべて、自分への質問を変え、より前向きな気持ちを持つことができたからだ。

私たちはあまりにもしばしば、夢の実現を阻むような巨大な壁を自分でつくりあげてしまう。自分への質問を変えれば、目標を達成する別の方法を発見することができるのだ。そして行きづまった状態を抜け出し、夢に向かって突き進むことができる。

＊成功への提案40

以下の質問を自分にしよう。「自分にとっての壁は何だろう？」「どうすれば、今あるリソースを使って目的を達成することができるだろう？」

41 年齢など気にしない

私はセミナーで、よくこんな言葉を耳にする。変わるには、または夢を実現するには、「私は年を取りすぎている」。しかし心臓が動いている限りは、夢の実現に向かって進むことができるのだ。

もちろん、例外もある。もしあなたが七十五歳で大リーグの選手になりたいというのなら、それは無理な相談だろう。しかし、年齢に関係なく実現できる夢は他にたくさんある。

たとえばレイ・クロックは、五十四歳のときにマクドナルドを始めた。そしてハーラン（カーネル）・サンダースがケンタッキー・フライド・チキンを始めたのは、彼が六十五歳のときだ。一九八七年七月二十四日、ハルダ・クルックスは、日本の富士山の最高齢登山者になった。当時彼女は九十一歳だった。記録をうち立てた彼女は、「目標があるといつでもいい気分でいられる」と言っている。

先日、ある新聞に、クリーニング店で二十一年間一日も休まず働いたある男性の話が載っていた。その話の興味深い点は、彼がクリーニング店に雇われたのが八十一歳のときだったということだ！　現在百三歳になるその男性は、まだ元気に働いている。

あなたの夢は何だろう？　人生で手に入れたいものは何だろう？　あなたは何をしたいだろう？　どこへ行きたいだろう？　誰に会いたいだろう？　どんな形で人に知られたいだろう？　後世に何を残したいだろう？

＊成功への提案41　「この年齢だからできない」と思ってあきらめていることをひとつ選び、挑戦しよう。

42

将来のビジョンを描く

ヘレン・ケラーは、目が見えないのはどんな気分かとたずねられると、こう答えた。

「目が見えないのは、ビジョンが見えないよりはましですね」

五年後、十年後の理想の人生について、時間をかけて考えている人はほとんどいない。自分がどこにいたいか、どんなことをしていたいかについて、たとえ一年先のことでも考えていない。将来のビジョンを持たないことは、行き先を決めずに旅行に出るのと同じだ。

スーツケースを手に家を出て、車に乗り、しかしどこに向かうのかはわからないなどということがあるだろうか？　ほとんどの人は、そんなバカなことがあるわけはないと笑うだろう。しかし、人生の計画よりは二週間のバケーションの計画のほうに、より多くの時間をかけているのではないか？

将来のビジョンを描くのは、楽しくて、あなたの力になるエクササイズだ。ビジョンを描くことによって、人生で可能なことの範囲が広がり、明るく豊かな未来像が見えてくる。それは、あなたが自分の力でつくりあげる未来の姿なのだ。

「五年先に自分が何をしていたいのかなんて、わからない。どうやってビジョンを描けばいいのか？」と、あなたは言うかもしれない。その気持ちは理解できる。ここでは、詳細なビジョンを描く必要はない。細かいところまできちんと決めてしまったら、人生から冒険と楽しさが奪われてしまう。ただ、理想の人生の姿を思い浮かべるだけでいいのだ。

五年がひとつの区切りになるのは、新しい現実をつくりだす計画を立てるのに十分な時間だからだ。もちろん、もっと長い期間、または短い期間でもかまわない。ビジネスのコンサルティングをしていると、まず一年先のビジョンを描いてもらうことがよくある。ずっと先までビジョンを描いておくほど、それを実現するために今この瞬間するべきことが見えてきやすい。さらに難しいことに挑戦したいという人は、二十年先のビジョンを描いてみよう。

＊成功への提案 42　五年後のビジョンを描いてみよう。

43

人生のバランスを保つ

エキサイティングで、充実した、素晴らしい人生を送る秘訣のひとつは、バランスである。人生のバランスを保つことはとても重要だ。ビジョンの中には、人生のさまざまな分野を必ず含むようにしよう。経済的に成功しても、家族や健康を失ってしまったら元も子もないだろう。それと同様に、完全な健康体で貧困生活を送ることも、やはり避けたいはずだ。

バランスの取れた人生を送るには、いくつかの重要な分野を考慮に入れることが大切だ。夢に向かって進んでいく過程で、自分があるひとつかふたつの特定の分野だけを重視する傾向があることに気づくだろう。

ほとんどの人が、人生のすべての分野でバランスを保つことに苦労する。運動をして食事に気をつけていれば、健康になれるだろう。しかし残念なことに、ほとんどの人は、健康に集中しているときは他の分野を犠牲にしてしまう。たとえば、お金や家族との時間だ。

真に幸せで成功した人生を送るためには、重要な分野のすべてで成長することが大切だ。

ここでは、バランスの取れた人生を構成する主な要素を含んだビジョンを描いてもらいたい。主な要素とは、心、個人の成長、健康とフィットネス、家族・友人・社交関係、仕事、社会的目標、物質的目標、そして、お金と投資だ。このリストを自分のライフスタイルに合わせて変えるのは一向にかまわない。

ここで注意してもらいたいのは、私がお金をリストの最後に持ってきたことだ。ここがお金にふさわしい位置である。なぜなら、お金は道具に過ぎないからだ。多くの人が「お金が欲しい」と考えるが、しかし本当に欲しいのは、お金が可能にしてくれる何かであるはずだ。

ところでお金は、もしかしたらいちばん厄介な問題かもしれない。詳しいことは後の章で述べるが、今のところは、お金に対してどんな感情を抱いていようとも、お金それ自体はいいものでも悪いものでもないと、知っておくだけでいい。

＊成功への提案 43　自分がある分野だけに集中していないかチェックしよう。バランスが取れるように別の分野の行動を開始しよう。

44 さまざまな分野のビジョンを描く

ビジョンを描くときは、以下のカテゴリーについて思いをめぐらせよう。

心——今から五年後、あなたの心はどんな状態だろう？　精神的に豊かな生活をしているだろうか？

個人の成長——新しいスキルを学んだだろうか？　外国語を勉強しただろうか？　本を何冊読んだだろう？　セミナーに通ったり、講座に参加したりしただろうか？

健康とフィットネス——あなたの健康状態はどうだろう？　運動をしているだろうか？　食事習慣を着実に改善しているか？　定期的に健康診断を受けているか？　自分のための時間をつくり、積極的にストレスを軽減しようとしているだろうか？

人間関係——あなたの人間関係はどうだろう？　配偶者や愛する人たちと素晴らしい関係を築いているだろうか？　友だちはどうだろう？　あなたを支えてくれる人、本当にあなたのためを思ってくれる人たちとの間に、意義深い関係を築いただろうか？　あなたのほうも、友だちを支え、力になっているだろうか？

キャリアとビジネス――今から五年先、あなたのキャリアとビジネスはどこに到達しているだろう？　自分が選んだ仕事をしているとき、あなたはどんな気分だろう？　あなたは、自分のビジネスを始めただろうか？　それは成長しただろうか？　あなたは毎日何をしているだろう？　どんな分野で社会に貢献しているだろう？

社会的・物質的目標――あなたの社交生活はどうだろう？　映画やコンサートや演劇をたくさん観ているだろうか？　バケーションでどこに行っただろう？　家族を高級レストランに連れていっただろうか？　あなたは何を所有しているだろう？　高級車を持っているだろうか？　新しいコンピュータは？　新しい家具は？　素晴らしいワードローブは？　ずっと欲しかった宝石や腕時計を手に入れただろうか？　家族のために買ったものは何だろう？

お金と投資――あなたはいくら稼いでいるか？　何に投資しているか？　毎月いくら貯金しているか？　自分のお金を何に使っているか？　子供の教育費を積み立てているか？

＊成功への提案44　自分のビジョンに欠けているカテゴリーを描いてみよう。

45

ビジョンを声に出して読む

ビジョンは、大きく、明るく、パワフルで、エキサイティングなものにしよう。現代のセルフヘルプ運動の先駆者である故ノーマン・ヴィンセント・ピールは、かつてこう言った。

「大きな人生を生きたければ、大きな夢を見なければならない」

素晴らしい！　あなたはすでに、理想の五年先の人生を描いた、豊かで刺激的でやる気の湧くようなビジョンを手に入れた。私はここで、そのビジョンを毎日声に出して読むことを強くお勧めする。そうするだけで、ビジョンがあなたのところに引き寄せられ、実現する可能性が高くなる。

元気よく、情熱をこめて読めば、欲しいものと同じ種類のエネルギーとともに一日を始めることができ、その結果、それを自分のところに引き寄せることにつながるのである。

自分の朗読を録音して、それを聞くのもいいだろう。宇宙は「類は友を呼ぶ」の法則に基づいて動いている。自分と理想のエネルギーを一致させれば、そして、理想を実現した感覚を実際に味わえば、理想はさらにあなたのところに引き寄せられてくるのだ。

＊成功への提案45　ビジョンを声に出して三回読んでみよう。
どんな感じがするか、味わおう。

第5章
ゴールを達成する

「未来に向き合うにはふたつの方法がある。
ひとつは心配、
もうひとつは期待だ」

ジム・ローン（アメリカの講演家）

46

人生を偶然にまかせない

休暇で旅行に出るとする。飛行機のチケットを買う行列に辛抱強く並び、自分の番が来ると重たいスーツケースをどさりと床に置き、係員に「旅行に出たいのだが。どこでもいいからチケットを売ってください」と言ったりするだろうか？　もちろん、そんなことはない。準備に何カ月もかけているだろう。行き先を家族と相談して決め、スケジュールを調整し、交通手段やホテルの手配をする。その旅行についていろいろ話したりもしているだろう。目的地にいる自分の姿を思い浮かべる。出発までの日数を指折り数える。「その瞬間」に向けて、あなたの気分は盛り上がっていく。あなたも家族も、想像の中で何度もそこを「訪れた」ことだろう。そして、ついに出発の日がやってくると、綿密に計画し、鮮やかに思い描き、何度も確認し膨らませていった旅行へと、旅立っていく。「わあ、これはすごい」とあなたは言う。長い間想像してきたことを、実際に体験しているのである。それは、想像よりもさらに素晴らしいはずだ。

旅行の計画にこれだけのエネルギーを注ぎ込むことができるのなら、なぜ人生を偶然まかせにしておくのか？　なぜ、朝起きて、服を着て、玄関を出て、あとは即興で済ませてしまうのか？　あなたの人生は、旅行と同じくらい綿密に計画を立てる価値があるはずだ！　ほとんどの人が、何がほしいのかも、どこへ行くのかもわからないままに、なんとなく一日を過ごしてしまう。人生の計画よりも、旅行の計画のほうによっぽどエネルギーを注いでしまっている。これは、悲しいことだが、事実は事実だ。

ゴールを決めることが成功と幸せの鍵になる。成功とは、価値あるゴールを段階的に達成していくことなのだ。自分にとっての成功をきちんと定義し、計測可能なゴールを決めていなければ、自分が成功しているかどうかわからない。成功がどんな姿をしているのかを知らなければ、それが現れても気づかないではないか！　大海原でちっぽけな発泡スチロールが、風と波にまかせて漂っている。こんな人生を送ってはいけない。今すぐ、ゴールを決めよう！

＊成功への提案46　旅行の計画と同じくらいのエネルギーを人生の計画に注ごう。

47 目的を持つ

何年も前、私の友人が、目的とは「エネルギーを使う理由」であると言っていた。目的があるおかげで、私たちは朝起きることができる。逆境にも立ち向かっていくことができる。困難を乗り越えるための強さを手に入れることができる。ゴールや目的がしっかりとしていれば、必ず道は開ける。「私はなぜこれをしているのか？」。ゴールや目的はこの質問に答を与えてくれる。

しばらく前、私は、体重を減らして健康を回復するために、何か行動を起こさなければならなくなった。自分の体型や不健康さにうんざりしていた。太りすぎで、何をするにも疲れていた（もしかして、あなたも？）。とにかく、私は変わると決心した。

この本に書いたことやセミナーで話したことを実行するために、私ははっきりとゴールを決めた。目標体重と、目標達成日を決め、食習慣を改善し、特定の食べ物を食べないようにした。私の行動プランの一部には（行動プランについては後で詳しく述べる）、スポーツジムの会員になることも含まれていた。そして週に四回から五回は通うという計画を立てた。私の目的ははっきりしていた。あとは勝利に向かって進むだけだ！

気温が氷点下まで下がったある冬の寒い日、私の決心は試練にさらされた。その週は、スケジュールやその他の都合上、その寒い日の朝の六時にジムに行かなければならなかった。私がその凍えるような朝の六時五分にジムにいた理由はただひとつ、明確なゴールを決めてそれを達成すると決心したからだ。私の目的ははっきりしていた。

目的さえあれば、どんなに辛い時期（または寒い朝）も乗り越えられる。そしてその困難を乗り越えたとき、ベッドでずっと寝ていたいという誘惑に打ち勝ったという自信も得ることができる。

＊成功への提案47　目的を持とう。そうすれば困難は乗り越えられる。

48 ゴールに集中する

目的はゴールへ向かう理由になる。人がゴールを定めるそもそもの理由は、何か目的があるからだ。

かつてジョン・F・ケネディ大統領は、一九六〇年代が終わるまでに人類を月へ送るというゴールを定めた。本当に月にウサギがいるかどうか確かめたかったからでは、もちろんない。ケネディ大統領の目的は、アメリカが世界最強の国であり続けること、そして宇宙開発競争でおくれをとらないということだ。

おもしろいことに、大統領は、このゴールを定めたときどうやって達成すればいいのかわからなかった。だが彼には、成功に必要な他の要素が備わっていた。

・できるという信念。

・真剣に取り組む姿勢。
・行動を起こそうという意志。必要なら大それた行動も辞さない。

他の人々も大統領のゴールに触発され、それを自分のものにした。一九六九年、世界中がテレビの画面を見つめる中、ニール・アームストロングというひとりのアメリカ人が、人類で初めて月の表面に降り立ち、誇らしげにあたりを歩き回った。

すべての成功している人は、明確なゴールを持っている。

＊成功への提案48　目的を実現するために、ゴールに集中し、達成しよう。

49

ゴールは必ず達成できると信じる

数年前、私と妻は家を探していたが、なかなか見つからなかった。理由のひとつは、そのとき私たちが住んでいた家が「ほとんど売れない」ものだったことだ。ある日、またも家探しが失敗して車で家に戻る途中、妻が思わず涙を流した。私は車を路肩に寄せると、妻の気持ちを落ち着かせようとした。そのやりきれない気持ちは理解できたし、私も同じように感じていた。だが、そのとき私の中で何かがカチリと鳴った。私は言った。「待てよ。僕たちのやり方は間違っているんじゃないか？」。そして、言った。「僕がいつも話している方法でやってみよう。今の家を売ることばかり考えるのはやめて、ほしい家のほうに気持ちを集中させよう。ほしくないもの、これから手放すものに、気持ちを集中させることはない。ゴールを見すえて、適切な行動をとり、後は神様にまかせよう」。そして、結婚記念日の十月二十七日を、新しい家を手に入れるXデーに定めた。その日付を紙に書き、私たちは自分のやるべきことに専念した。数週間おきに新しい家を見にいったのだ。だが、相変わらず見つからなかった。

数カ月が過ぎ、私は率直に言って、自分が提唱している「ゴール設定」の方法がうまくいくのかどうか疑問を持ち始めた。結婚記念日が近づいてきたころ、私たちはニューヨーク州の北部で数日過ごし、記念日にはペンシルヴァニア州へ行く計画を立てていた。だがニューヨーク州北部にはそれほど行きたくなかったので、ペンシルヴァニアで泊まる予定だった宿に電話をして到着を早めると告げた。そしてペンシルヴァニアをドライブしているとき、ちらりと右を見ると建築中の大きな家が目にとまった。私は最初「高すぎる」と思ったが、妻がとにかく見てみようと提案した。私たちはそこで車を止め、建築業者と話をした。すると、予算の範囲内であることがわかった。

これは、Xデーの一日前の出来事だった！　現在妻と私はこの美しい新築の家に住んでいる。ゴールは現実となり、夢がかなったのである。これからは、誰も「ゴール設定」が役に立たないなんて言わないでほしい。私は役に立つことを知っている！

＊成功への提案49　ゴールは必ず達成できると信じて行動しよう。

50 ゴールを具体的に書く

ゴールを書く際に注意することをいくつかあげておく。

・現在形で書く（私は〜を持っている、私は〜である、私は〜を稼いでいる、というように）。潜在意識は現実と想像を区別することができず、書かれたとおりに解釈するからだ。潜在意識は、過去形や未来形には反応しない。「〜をこれから手に入れる」というような表現を使うと、潜在意識は、ゴールを手の届かないもの、未来にあるものだと考えてしまう。

・前向きな表現を使う。「十キロ痩せる」という表現では、何らかの効果があったとしても、ほとんどうまくいかない。自分の求めていることだけを考える。「ピンクの象のことを考えてはいけない」。今、思わずピンクの象を想像してしまっただろう。ゴールについても同じことだ。よけいなことを考えると、そっちのほうに気をとられてしまう。前向きな表現を使うようにする。「十キロ痩せる」ではなく、「いついつまでに、理想体重の五十五キロになる」と書くようにしよう。

・数字で表せるもの（体重、収入、貯金など）がゴールである場合、具体的な数字と目標達成日をきちんと書く。たとえば、「もっとお金を増やす」というゴールでは、大した成果は期待できない。「アルバイトをして、七月一日までに一カ月千ドル余分に稼ぐようになる」という目標を定めたほうがうまくいく。

＊成功への提案50　ゴールは「現在形」「前向きな表現で」「具体的な数字と達成日を入れて」書こう。

51

ゴールは小さく分けて達成する

ゴールを決める場合、期間をいくつかに区切ってそれぞれに目標を定めたほうがいいだろう。短期、中期、長期のゴールを決めれば、一歩一歩目標に近づいていると実感できるし、理想の人生に向かって努力できる。短期の目標を実現していけば、そのたびに達成感とスリルを味わうことができ、大きな目標に向かって常にやる気を維持することができる。長期の目標しかないと、自分の進歩を計ることがむずかしく、困難に直面したときに気持ちがくじかれてしまうだろう。私の場合、短期（三～六カ月）、一年、中期（三～五年）、長期（十～二十年）という分け方が気に入っている。

最後の二十年先の目標という考え方はロバート・シュラー博士から学んだのだが、これは本当にむずかしかった。二十年先の自分を見すえるというのは大変な作業だ。確かに周りの状況は変化していくが、自分の向かう先がわかっていれば、人生がさらに意味のあるものになる。もちろん、自分の進歩に従って当初の目標を調整することも必要だ。

二十年後も生きている可能性は極めて高い。問題は、どこにいるかということだ。二十年の間で、あなたの人生はどのように変化するだろう？　二十年後は何をしているだろう？　どんな人になっているだろう？　二十年後の自分の姿を、今、夢に描き、そのために適切な行動を起こせば、二十年後には理想の人生を生きていることだろう。

二十年後の自分が決まったら、そこから逆算して、今とるべき行動を始めることができる。たとえば、長期の目標が経済的自立であり、利子、投資、著作権料など働く必要のない収入でそれを達成しようとしているのなら、短期の目標は、投資を始めることや、自分のビジネスを始めることや、何かクリエイティブな作品を創ることになるだろう。

＊成功への提案51　二十年後の自分の目標から逆算して、短期・中期・長期のゴールを設定しよう。

52

ゴールを決めることを恐れない

ゴールを達成できないことを恐れるあまり、ゴールを定めることを避けてしまう人も中にはいる。だが、そんなことを恐れてはいけない！　そもそもゴールがなければ、それに到達することもできないのだから。

こういう守りに入るような考え方を変える方法はある。まず、ゴールを目標期間内に達成できるものにすること。来週の木曜日までに十キロ痩せるというゴールでは、子どもでも産まない限りとても無理だろう。ゴールに到達するまでに十分な時間をとるようにしよう。だが、ゴールは自分の可能性を広げるものでもなくてはならない。簡単すぎるのはだめだ。自分に挑戦し、快適空間から飛び出そう。

第二に、ゴールを達成できなかったら、期間を延ばしてもいいし、ゴールを変更してもいい。紙に書いてあるだけであって、なにも石に刻みつけたわけではないのだから！

＊成功への提案52　後から変更してもいいから、ゴールを設定しよう。

53

とにかくゴールを設定する

一九五〇年代、いくつかの大学が共同で、人生の目標についての研究をおこなった。研究者が大学院の学生にインタビューし、その結果、人生の目標を定めそのための計画を立てているのは、全体の三パーセントしかいないことがわかった。研究者はこの学生たちを継続して追い続け、一九七四年と七五年に再調査すると、数字で計ることができる分野――特に経済状況――において、目標を定めていた三パーセントが、その他の九十七パーセントを全部合わせたよりも上を行っていることがわかった。ゴールを定め、書き、必要な行動をとったら、あなたは成功するだろう。すでに人口の九十七パーセントよりもうまくいっているのだから。ゴールを決めるだけで、成功する可能性は飛躍的に向上する。

たとえゴールを完全に達成できなかったとしても、何も決めていないよりは、より進歩し、より多くのことを達成しているはずだ。この一年、私は一カ月に二冊本を読むというゴールを定めた。毎日本を読むようにし、一年が終わるまでに二十四冊読み終えるという計画だ。だが、まあ、物事は変化するものだ。状況が変わり、スケジュールがきつくなった。読書の時間を短縮させた日が何日もあった。だが興味深いことに、私はゴールを定めたおかげでその年に十九冊本を読むことができた。確かに当初の計画どおりには行かなかったが、ゴールがなかった場合よりもはるかにいい結果が残せた。「月をめざして失敗しても、まだ星がある」と昔から言われているだろう。収入を月三千ドル増やすというゴールを定めて、結局二千ドルしか増やせなかったとしても、それは失敗といえるだろうか？そうではないだろう。たとえ当初の目標を達成できなくても、ゴールを定めていなかった場合よりも向上しているのだから。

この本からたったひとつのことだけ学びたいというのなら、「ゴール設定」にしてほしい。ゴールを書き、それを達成するために必要な行動をとることは、最も強力な方法だ。どうしてそうなるのかはわからないが、ゴールは確かに実現する。

＊成功への提案 53　ゴールを決めるだけで、成功は確実だ。ゴールを決めよう。

54

綿密にゴールを決める

しばらくの間誰にも邪魔されないような、居心地のいい場所を見つけよう。そして十分な時間を確保しよう。これは人生で最も重要な行動になるのだから。まず、ノートにゴールを書くためのページを用意し、四十四ページに戻って、人生の主要六分野を見直す。すべての分野にゴールを定めるのを忘れないように。

次に、一〇二ページで書いた自分の夢をもう一度読んでみよう。ここに、あなたの夢や抱負がすべて書かれている。このリストを参考に、自分にとっていちばん重要なものを選ぶ。とりあえず短期、中期のゴールから始め、徐々に長期のゴールに近づいていこう。

ノートに、それぞれの部門ごとに短期のゴールをひとつかふたつ書く。間にスペースを空けておくのを忘れないように。それぞれのゴールの下に、なぜそのゴールを求めるのか理由を簡潔に書く。それは自分にとってどんな意味があるのだろう？　そこに到達したら何が手に入るのだろう？　そのゴールを求める理由がたくさんあればあるほど、必要な行動を起こす可能性も高くなる。これを、短期、中期のゴールすべてに対しておこなう。後になってからまたここに戻って、長期のゴールに対しても同じことをおこなおう。

＊成功への提案54　ゴールが自分にとってどんな意味があるのか、明確にしよう。

55

思い込みを少しずつ変えていく

ゴールを決め、それを達成する過程で多くの人がつまずいてしまうのは、現在の状況と理想のギャップが大きすぎるため、それが本当に可能であると信じられないからだ。それでは、どうすれば現状から理想へと進むことができるのか。私は、「思い込みに橋を渡す」というテクニックを用いる。

まず、現在の状況を出発点と考える。たとえば、「私にはお金がない」という思い込みを持っている人は多いだろう。ゴールは「経済的な自立」だとしよう。経済的自立を達成するには、自分にはたくさんお金があると信じなければならない。このふたつの間には大きな溝がある。「お金がない」という思い込みから「お金がたくさんある」という思い込みへシフトするのは、グランドキャニオンを飛び越えるようなものだ。

望みをかなえ、新しい現実をつくりだすもっと効果的な方法は、思い込みを少しずつ変えていって徐々に目標に近づくことだ。たとえば、「お金がない」という出発点では、まず「私はサイドビジネスを始めて収入を増やす」と信じることから始める。

もちろんこれは、「お金がたくさんある」という理想の状態とは違うが、「お金がない」というネガティブな思い込みよりは進歩しており、ゴールに近づくきっかけになるだろう。「現在の現実」が変わり始めたら、理想の結果にさらに近づけるような橋をまたつくる。それを繰り返していけば、最後には理想と現実が同じになり、欲しいものは何でも手に入るだろう。

本当に、心から変えたいと思っていることを、ひとつあげてみよう。たとえば、それは体重かもしれない。あなたの現実はどうだろう?「私は太りすぎで体調もよくない」だろうか? そして理想は?「私の体は健康的に引き締まり、気分もいい」だろうか? そこにたどり着くのは、どう考えても長い道のりだ。しかし、「私は運動をしている。健康的な食事をしている。そして日を追うごとに健康になっている」という考え方をすることもできる。もちろん、これではまだゴールに到達できていないが、現状よりは気分がよくなるだろう。そして気分がよくなれば、ゴールを達成しようという意欲も湧いてくるはずだ。

＊成功への提案55　ゴールに遠いからといってあきらめず、少しずつ近づいていこう。

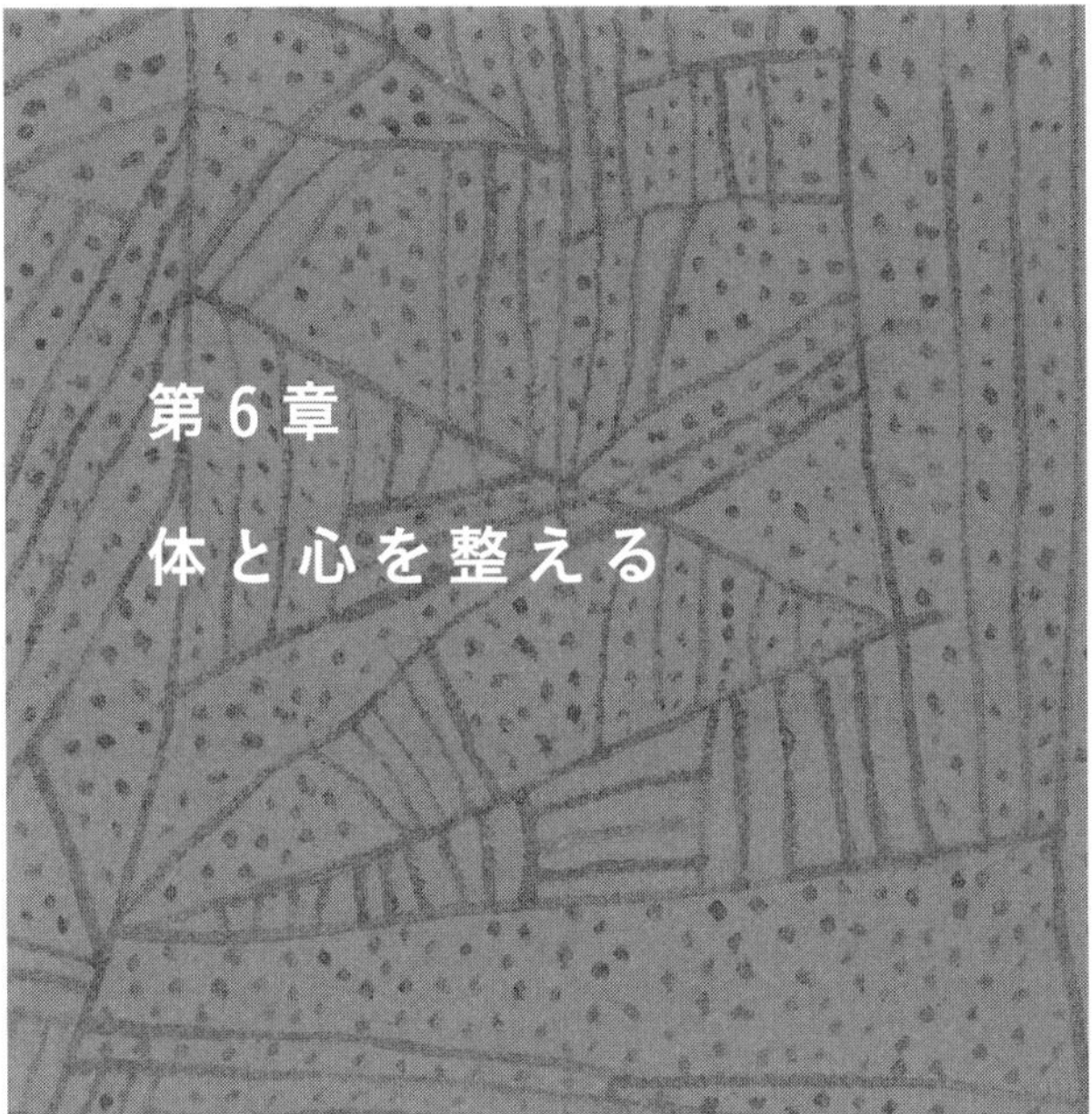

第6章

体と心を整える

「多くの年月を生きただけで老いる人はいない。
人は理想を捨てることによって老いるのである。
年月は肌に皺をつくるが、
情熱を失うことは魂に皺をつくる」

サミュエル・ウルマン（アメリカの詩人）

56

自分の健康に責任を持つ

本書では健康の話題に触れずにはいられない。なぜなら、体が健康でなければ、他の欲しいものを手に入れることもできなくなってしまうからだ。

二十一世紀に生きる私たちの多くは、日常的に体を動かさない生活を送っている。かつて体を動かす機会を提供してくれた肉体労働の多くは、ほとんどの先進国で、テクノロジーや便利な現代生活に取って代わられている。また、脂肪と糖分を多く含む食事がますます増えていることも、健康に害を及ぼしている。

運命を自分の手に握り、本来生きるべき人生を生きたいと心から思っているのなら、健康促進プランをつくることは欠かせない要素である。

かつて人は病気になるとファミリードクターのところへ行き、彼（ほとんどの医師は男性だった）のアドバイスに忠実に従った、または従うものだと考えられていた。今でも同じようにしている人はたくさんいるが、そこにはふたつの問題がある。ひとつは、自分の健康に責任を持つことなく何でも医者任せにしてしまうことであり、もうひとつは、多くの人が医師のアドバイスに従いもせず、ただ「魔法の薬」がもらえることを期待していることだ。これはまったくのナンセンスだ。私たちはみな、自分の健康に責任がある。この責任を医師に押しつけるのはフェアではないだろう。人生の他のすべての分野と同様に、それを変える力を持ちたいのなら、まず責任を持たなければならない。

この本を書きはじめたとき、私は今よりも五キロ体重が多かった。その理由は主に、昔の食生活に徐々に戻ってしまったからであり、運動をしなかったからだ。体重が増えてしまった責任は私にあり、それゆえ、私はそれを減らすことができる。この本を書き終えるころには、実際に元の体重に戻っていた。

私はまず目標を決めて、それを日記に書いた。それから、食事日記をつけることを含む行動プランを立てた。運動の量も増やした。興味深いことに、大幅な減量に成功し、体重を維持している人に共通している点は、食事日記をつけていることである。

＊成功への提案56　自分の健康で自信がないところはどこか？
それを改善することを目標にしよう。

57

体にいいことを実践する

●バランスの取れた食生活　私は、ほとんどの食べ物は適度にとれば問題ないと信じていて、そしておそらく健康の専門家もこの意見に賛成だろう。

脂肪分や糖分を多く含む食物を食生活のメインに据えたときに、問題が発生する。肉を大量に摂取すると、高血圧や高コレステロール、動脈瘤の原因になる。肉の代わりに魚、特に良質の脂肪を多く含む魚を、食卓にのせるようにしよう。

もちろん、果物や野菜には体にいい成分がたくさん含まれているので、たくさん食べたほうがいい。有機栽培のものが手に入るなら、ぜひそうするべきだ。大豆や全粒粉もいい選択である。タンパク質と繊維質を多く含み、脂肪が少ないからだ。

●水をたくさん飲む　すべての医学と健康の専門家が同意することがひとつあるとすれば、それはほとんどの人が水を十分に飲んでいないということだ。ここで言う水とは、本当に水である。コーヒーでも紅茶でもソフトドリンクでもない。それらも水を含んではいるが、身体は水だと考えないので数に入らない。

一日に少なくともコップ八杯から十杯の水を飲むことは、健康上大きな利点がある。療法士や整体師に聞くと、水をもっとたくさん飲んでいたら腰痛が起こらなかったであろう患者がかなりいるということだ。椎間板の水分が少なくなると痛みが起こるのだが、水を飲めばそれを防ぐことができるのである。水はまた、消化作用を促進し、毒素を体外に排出する助けにもなる。

ほとんどの減量プログラムが、水は健康にいいこと、そして健康的な体重を維持する助けになることを強調している。私に言わせれば、たくさん水を飲むのはとても簡単なことだ。私は、スポーツジムではいつも水の入った大きなボトルを持ち歩き、仕事をするときは机の上に水を入れた大きなマグカップを置いている。大量の水を飲むことを習慣にしてしまえば、身体が水を求めていることがわかり、自然と飲むようになるだろう。

＊成功への提案 57　どんなものを食べるように心がけるか、忘れないように書いておこう。さっそく、水を飲もう。

58

心にいいことを実践する

前項の続きだが、ここでは特に心にいい影響を与える方法を紹介する。

●静かな時間とリラクゼーション　私たちはとても忙しい社会に暮らしている。私たちは、まるで人生の終わりにゴールがあるかのように走り続け、その途中にある楽しみや喜びを忘れている。幸せは旅の過程であって、目的地ではないのだ。充実した実りある人生を送るためには、はるか先の未来のために生きるのではなく、すべての瞬間を楽しむことを学ぶ必要がある。

ペースを落として人生を存分に楽しむ方法のひとつは、静かな内省の時間を持つことだ。毎日、瞑想のために時間をつくるようにする。静かでリラックスした時間は、自分への最高の贈り物のひとつである。それは、健康上の大きな利点（脈拍と血圧を下げる）があるだけでなく、自分のクリエイティブな能力を引きだす鍵にもなるのだ。

●アイデアのために座る　偉大な発明家のトーマス・エジソンは、自分のオフィスにこもって「アイデアのために座る」時間を定期的に設けていた。彼はスタッフに誰も取り次がないように言い、二時間の間静かに椅子に座っていた。

このような静かに熟考する時間を持つことで、創造性が発揮され、アイデアや問題解決法が浮かんでくるのだ。心を静かに落ち着けていると、自分の中にある無限の能力にアクセスすることができる。

＊成功への提案58

毎日、十分間でいいから、静かに座って目をつぶっていよう。週末には三十分でも一時間でも、アイデアのための時間を確保しよう。

59

健康の目標とプランを決める

食生活やライフスタイルにどのような変化を起こすとしても、そこで忘れてはならない大切なことは、自分の健康に責任を持つことだ。理想の人生を手に入れたいのなら、体と心の健康は欠かすことのできない要素である。自分の運命を自分で築く過程で健康とフィットネスをコントロールし、本来生きるべき人生をつくりあげよう。

「自己最高」の健康とフィットネスのレベルを達成するために、今すぐいくつかの目標を決めよう。ダイエットやエクササイズを始める前に必ず医師や専門家に相談し、それから理想の健康状態を目指すプランをつくる。今すぐに始めよう。静かな瞑想の時間、リラックスの時間を含めた健康プランをつくるのだ。

私は定期的に運動し、そして前にも言ったように、自己最高のコンディションを目指してがんばっている。この目標の楽しい点は、絶対に達成できないことだ。目標に近づくたびに、目標はさらに高くなる。コンディションがよくなるほど、身体の能力が向上するのだ。これは私にとって、到達できないことを楽しむ目標のひとつである。

健康とフィットネスについて最後にもうひとこと。あなたはもしかしたら、「もう年だからこれ以上コンディションをよくするのは無理だ」と考えているかもしれない。ところがさまざまな研究の結果、エクササイズを始めるのがたとえ何歳であろうとも、定期的にそれを続けることでコンディションを劇的に向上させることができると証明されているのだ。

もちろん、運動やダイエットを始める前に健康チェックをおこなうのを忘れないように。

＊成功への提案59　食事と運動の面で、健康のために何をするかを決め、根気よく続けよう。無理のないことにするのがいい。

60

体を動かす

幸せで生産的な人生を送り、自分の運命をコントロールするには、自分の心の状態をコントロールする必要がある。逆に、自分の感情にコントロールされてはいけない。

前にも言ったように、あなたの感情は、ある思考の結果である。ある思考が、似たような思考や自分との会話を生むきっかけとなり、それが感情を決める。ここでいうコントロールしなければならない感情とは、怒り、混乱、恐怖、無力感などのありがたくない心の状態のことだ。人はそのような感情に陥ることがしばしばあり、それが進歩の妨げになっている。

私の知る限り、ネガティブな心の状態を最も手っ取り早く変える方法は、体を動かすことだ。そう、動くことだ！　今度気分が落ち込んだり気が滅入ったりしたら、立ち上がって散歩にでも出かけてみよう。

もちろん、本物のうつ病なら話は別である。もしあなたが慢性的なうつ状態に悩まされているのなら、専門家の助けを求めよう。ここでいうのは、折にふれて感じる、あのなんとなく気分が晴れない状態のことだ。

体の状態を変えることによって、心の状態も変えることができる。その証拠に、激しい運動をした後はたいていい気分がよくなるだろう。心の状態をコントロールするためには、まずその原因を探る必要がある。

ただ早足で歩いたり、または走ったり泳いだりするだけで、気分がよくなり、頭の働きも活発になる。私も気持ちが落ち込むと、二十分か三十分歩いて気分転換をするようにしている。体を動かすことは、いつでも心の状態にいい影響を与えるのだ。

＊成功への提案 60　簡単な運動でいい。自分に合ったものを見つけて、今すぐやってみよう。

61 いい習慣を身につける

何度も何度も繰り返しおこなっていることが、習慣である。理想の人生を手に入れる助けになるようないい習慣もあれば、理想から遠ざけるような「あまりためにならない習慣」もある。

習慣とは、何度も繰り返しおこなったために何も考えずに自動的におこなうようになってしまったことにすぎない。いい習慣のいくつかは、子供のころに身につけていて、自分のためになる。歯を磨くこと、お風呂に入ることなどの衛生的な行動は、ほとんど無意識のうちにおこなっている。他には、成長してから身につく習慣もある。自分の習慣を見直してみると、やめたいと思っていることの多くがごく幼いころに身についたものだと気づき、びっくりするだろう。

砂糖をたくさん使った食べ物を好む傾向は、子供のころに形づくられることが多い。あまり健康的とはいえない食べ物は、多くの場合、過去の楽しい経験と結びついている。たとえば私の場合、アイスクリームを食べたのは、子供時代の楽しい思い出だ。そして現在にいたるまで、何か嫌なことがあって自分を慰めたくなると、まず頭に浮かぶのはアイスクリームだ。アイスクリームを食べること自体に問題はないが、しかし食べ過ぎてしまうと問題になる。

ときには、ある行動を習慣にするために、ある一定期間あえてその行動をおこなわなければならないこともある。新しい習慣を身につけるには、たいてい三週間から四週間かかる。私の場合は、運動がそれだった。最初の数ヶ月は、自分に気合いを入れなければならなかった。しかし今は、スポーツジムに通わないと何かが足りないような気分になる。新しい習慣を身につけるまでに、十分な時間をかけることが大切だ。奇跡が起こる前にあきらめてはいけない。

＊成功への提案61

あなたは何を習慣にしたいだろうか？
それを今日から始めよう。

62

ゆっくりと深く呼吸する

最後に本当に深く呼吸したのはいつだろう？　ほとんどの人が、呼吸を当たり前のものだと考えている。誰もが、自分は正しく呼吸していると考えている。だが、必ずしもそうではない。ほとんどの人は、ごく浅い呼吸しかしていない。そしてそれが、ストレスの要因のひとつになっている。不安を覚えると、浅く速い呼吸をするものだ。

プレッシャーの中でもリラックスする方法のひとつは、意識的に、ゆっくりと深く呼吸をすることだ。私は何年か前に友人からこの呼吸法を教わり、それ以来ストレス軽減に大いに役立てている。この方法なら、ストレスを感じたときにいつでもおこなうことができる。

テクニックそれ自体は非常にシンプルなものだ。ただ、ゆっくりと、安定した呼吸をすればいいだけだ。五秒間息を吸い、同じく五秒かけてゆっくりと吐き出す。これを五回から十回繰り返す。この呼吸法をおこなう場合、力を入れすぎないようにし、めまいを覚えたり頭がくらくらしたりしたら、すぐにやめるようにしよう。

また、静かな時間が大切なことは、いろいろな本に書かれている。静かな時間は、ストレスを取り除き、癒しを促進し、脈拍を抑え、集中力を増す。ただ一日に二十分くらい静かに座っているだけでいい。ただ自分の呼吸だけに意識を集中し、空気が体を出たり入ったりするのだけを感じとる。仕事や心配事のほうへ思考が漂い出したら、それを忘れ、また呼吸だけを考えるようにする。これを、邪魔の入らない場所でおこなうようにしよう。

＊成功への提案62　ストレスを感じたら、ゆっくりと深く呼吸してみよう。

63

今日という日を最大限に生きる

約束があって、あるオフィスで待っていたとき、そばにいた秘書がタイプライターに突っ伏して「ああ、今日も一日なんとか終わったわ」とため息混じりに言っているのが聞こえてきた。悲しいことだ。まるで、人生が終わるまで一日ずつカレンダーに×をつけているようなものだ。こんな生き方でいいのだろうか？　私はそうは思わない。あなただって私に同意するはずだ。そうでなければ、この本を読んでいないだろうから。人生は楽しむためにある。人生はエキサイティングだ。もし、私の言うことが信じられないのなら、小さい子どもを見てみればいい。

ある夏の晴れた午後に、私は友人の三歳の子どもと一緒に散歩をするという、素晴らしい体験をすることができた。私は長い間小さな子どもに縁のない暮らしを送っていたので、彼らがどれだけ人生を楽しんでいるか忘れていた。三歳や四歳の子どもにとっては、「普通」も「いつもの習慣」も存在しないのである。彼らは人生のすべてに驚嘆する。私たちはふたりで、虫が道路を横断する様子をじっと眺めた。そして、道路の割れ目を細かく観察した。小さな子どもは何事も見逃さない。彼らはすべてのことに興奮し、興味を覚える。子どもが大人よりも情熱的なのは、彼らが現在を生きているからだ。昨日の間違いをくよくよ思い悩んだり、明日の心配をしたりしない。小さな子どもは、今、ここにしか、存在しない。私たちも、意識して「今」と「ここ」に生きるようにすれば、さらに成功し、さらに幸せになれる。

現在に生きる方法を学ぼう。毎日、朝起きると、私は自分にこうたずねる。「この素晴らしい一日を、最大限に生かすにはどうしたらいいだろう?」と。「今」に気持ちを集中すればするほど、私はさらに気分がよくなり、さらに多くのことを成し遂げることができる。自分の力ではどうしようもないものを変えようとすると、頭がぐるぐる回って心が乱れてしまう。過去のことをくよくよ思い悩んだり、未来のことを心配してもしょうがない。今日を生きるようにしよう。

＊成功への提案63　過去も未来も忘れ、「今」と「ここ」に生きよう。

64

情熱と興奮とともに一日を楽しむ

人生にはたくさんの喜びや美しさがある。あなたは、そのうちのどれくらいに気づいているだろう？　朝日が昇り、あたりが美しい色彩に包まれる様子を見ているだろうか？　新鮮な空気を胸一杯に吸い込んでいるだろうか？　それとも、出かける準備に忙しすぎてそれどころではないだろうか？

死の床にあって「もっとオフィスで時間を過ごしたかった」などと言う人はひとりもいない。人生を楽しむ時間をつくろう。日常の小さな景色や音を楽しむのを、毎日の習慣にしよう。仕事についてはどうだろう？　今の仕事に、興奮や情熱を感じているだろうか？　または、ただその日を切り抜ければいいと思っているだろうか？

詩人のソローも言っているように、多くの人が「静かな絶望の中に生きて」しまっている。自分の人生に興奮しよう。誰かに「調子はどう？」とたずねられたら、単に「いいよ」と答えるのではなく、「すごくいいよ！」と答えるようにしよう。情熱を込めて「すごくいいよ！」と答えれば、気分はずっとよくなる。その効果はびっくりするほどだ。動くときも、歩くときも、情熱を込めよう。弾むように歩き、背筋をピンと伸ばそう。これがあなたの人生だ。リハーサルではない。情熱的に生きよう！

朝起きるとき、これから始まる一日に期待を込めて、勢いよく体を起こそう。前向きな気持ちで一日を始めるために、自分に質問してみよう。たとえば、「今日は何に興奮しよう？」「何を楽しみにしよう？」「何に感謝しよう？」「何に幸せを感じるだろう？」といった質問だ。そして、仕事の中に何か興奮できるものを見つけよう。その日に楽しみにできるものを見つけ、起きる前の数分間、そのことに意識を集中させよう。毎朝これをすれば、前向きで、わくわくした、情熱的な気分で、一日を始めることができる。これらの質問によって、その日は何に意識を集中させるかが決まり、その意識を集中させたものが人生の質を決める。それを忘れてはならない。

＊成功への提案64　朝、一日をどう生きるか決め、前向きな気分で一日を始めよう。

65

自分を大切にする時間をつくる

「自分を特別に大切にする日」をつくろう。一日二十四時間のすべてを使って、特別に自分の面倒を見ることだ。仕事は一切しない。

さあ、あなたの抗議の声が聞こえるようだ。「きみはわかっていないよ。電話はかかってくるし、メールの返事も書かなければならない。他にもすることがいろいろある」

しかし実のところ、誰でも問題なく自分のための日を持つことができるのだ。あなたが信じようと信じまいと、世界は同じように回り続ける。電話は待つことができるし、電子メールも同じだ。

これは、あなたのためだけの日だ。もしあなたがいつも料理をしているのなら、自分を特別に大切にする日は、料理を一切しない。もちろん、小さな子供がいるのなら、少し修正を加える必要がある。誰かに頼んで、その一日子供の食事の世話をしてもらうという方法がいいかもしれない。とにかく、ふだんの仕事に関係するようなことを一切しないのが基本である。自分を思いきり甘やかす日だ。

私は、起業家として、いつも仕事をしなければならないと思い込んでいた。しかしそれは間違いだったということに、初めてこの特別な一日を過ごしたとき、私は気づいた。散歩をし、小説を読み、バスタブにゆっくりつかり（前は絶対にしなかったことだ）、そしてただリラックスして、自分を特別に大切にしていると、体に喜びがあふれた。素晴らしいコンセプトだ！

あれから数年たち、私の特別な一日は人生に欠かせない要素になった。気分がよくなり、前よりも楽しめるようになっただけでなく、自分の人生を取りもどしたのだ。今では、二十四時間働いたりはしない。一日中メールのチェックをすることもない。

おもしろいのは、自分を大切にする時間をつくったことで、前よりも生産的になったという点だ。自分の面倒をよく見ることで心身ともにすっきりし、その結果目の前の仕事に集中できるようになった。より独創的で生産的になった。そして何よりも、気分がよくなり、さらに幸せになったのだ。結局のところ、それがすべてではないだろうか？

＊成功への提案65　スケジュール帳に、自分を特別に大切にする日を書き込もう。

66

視点を移動させる

どのような感情でも、必ずその前に頭の中で起こったことがきっかけになっている。あることを考え、それが引き金となり、ある心の状態が生まれる。ひとつの思考からそれに続く思考が次々と生まれ、私たちは知らず知らずにありがたくない感情に支配されてしまう。

ここで仮に、あなたは車で気持ちよくハイウェイを走っているとしよう。そのときいきなり、誰かが前に割り込んできた。もう少しでバンパーにぶつかりそうだった。あなたにはそんな経験があるだろうか？　たぶん経験したことがあるだろうし、そしておそらく、そのせいでせっかくの気持ちのよいドライブが一瞬で台なしになっただろう。

一般的に、このようなことが起こると、私たちは「あのバカ！　あんな割り込みをするなんてどういうつもりだ」というように考える。この思考がきっかけとなり、似たような思考が次々と生まれ、最後には気分がまったく台なしになる。

カッとなったときには、視点を変えてみるのが効果的だ。そうすれば、カッとなった気持ちを静めて、より理性的な思考にシフトすることができる。

たとえば、道路で危険な割り込みをされた場合は、悪態をつくのではなく、人がそこまで周りへの配慮のない行動をとるという事実に驚く、という方向に思考をシフトする。なぜその人が、そんなに危険で愚かな行為に出たのか、その理由を考える。

もしかしたらその人は、子供が事故にあったので、急いで病院に向かっているところなのかもしれない。または、母親が危篤状態になったと連絡があり、亡くなる前に一目会いたいと急いでいるのかもしれない。そのようなシナリオを想像すれば、怒りが共感に変わり、何が起ころうと冷静さを保つことができるだろう。

＊成功への提案66　今、腹を立てていることはないか？
それを材料に、視点を変える練習をしよう。

67 叱るのではなく、勇気づける

叱って人の態度を変えようとするのは、コンピュータの問題をハンマーでたたいて解決しようとするのと同じだ。コンピュータの場合はハンマーを使おうなどと考えもしないだろうが、しかし相手が人になると、当たり前のように叱ってしまう。

他人にかける言葉、特に子供にかける言葉に気をつけよう。叱りつけるのではなく、勇気づけるような言葉をかける。自分の自尊心を高めるために、そして出会う人すべての自尊心を高めるために、私たちはみなもう少しがんばることができるはずだ。私がコーチという職業に惹かれた理由のひとつは、最高の自分になることと、他の人が同じようにするのを助けることが、プロのコーチの目標だからだ。互いに高め合うことは、私たちみんなの利益になる。誰もが成功する社会を築くことは可能である。ウィン・ウィンの世界をつくることができるのだ。一世代か二世代前までは、叱ったり批判したりして相手をおとしめることが、その人の態度を向上させる方法だと信じられていた。そして残念なことに、それが効果的な方法だと信じている人はまだ存在する。現在、それが間違った考え方であることは広く知られている。おとしめることで態度を向上させようとするのは、前にも言ったように、コンピュータをハンマーでたたいてうまく動かそうとするようなものだ。

私は小学生のとき、ある科目で八十五点を取り、喜び勇んで家に帰ってきた。しかしそれを見た父親は、「なぜ九十五点が取れないんだ？」と言った。私はその出来事が忘れられない。誤解しないでほしいのだが、私は父を責めているわけではない。彼はそれが私にやる気を出させる最善の方法だと考えていたのだ。彼はそのように育てられ、それが正しいと思い、私も同じように育てようとしただけだ。

現在の私たちは、そのような場合、「すごいね、ジム。次はもっとがんばろう。どうすれば今よりいい点が取れるだろうか？」というような言葉をかけるのがいい方法だと知っている。そうすれば、私の自尊心は高まり、その結果、将来もっといい成績をあげる可能性も高まっただろう。

＊成功への提案67　子供でも部下でも、叱ったり批判したりしそうになったら、前向きに励ます言葉に置き換えよう。

68

周囲の人の自尊心を高める

ビジネスやセールスの世界では、部下をおとしめることでやる気を出させる文化をまだ引きずっている企業もある。そのような企業では、上司は部下に次のような言葉をかける。「いったい何が問題なんだ？　おまえは無能なのか？　目標は五件だろう？　まだ三件しか達成していないじゃないか」

もっと有能なマネージャーだったら、まず部下の成功を認め、次にさらにいい結果を出せるような目標を決めるようコーチするだろう。より効果的なシナリオは、以下のようになるはずだ。「ジョン、きみは先週三件の契約を取りつけたね。よくやった。ではここで、どうやって契約を取りつけたかを見直して、次の週に目標の五件に到達できるような方法を考えよう」

成功を認めることによって部下の自尊心を高め、将来さらに成長する基礎をつくるのだ。世界で最も効果の高い減量プログラムのひとつである「ウェイト・ウォッチャーズ・インターナショナル」では、どんなにわずかでも、たとえ百グラムでも二百グラムでも、体重を減らすことに成功した人を賞賛する。目標が二十キロや三十キロの減量なら、百グラムや二百グラムは微々たる数字だ。しかしそうやってほめることは、彼らがプログラムをやり遂げるうえでとても重要なのだ。だからこそ、このプログラムが長年にわたってこんなにも大きな成功を収めているのだろう。

たとえごくわずかな減量でも賞賛すれば、その人のセルフイメージは向上する。自分はプログラムで成功していると考えるようになり、その結果、さらに熱心にプログラムに取り組むようになる。大きな目標を達成するには、小さな成功を積み重ねていくことが必要なのだ。

十代の自殺や犯罪が深刻な問題になっている現在、若者たち、ひいては周りにいるすべての人たちの自尊心を高めることが、かつてないほど重要になっている。人の自尊心を高めるほど、この社会はいい場所になっていくだろう。

＊成功への提案68　周囲の人たちの自尊心を高める言葉や方法をいつも考え、ひとつひとつ実践していこう。

第7章
恐れを克服する

「信じすぎればだまされる。
だが信じる心がなければ、苦痛の中で生きることになる」
フランク・クレイン博士（アメリカの哲学者）

69

自分のするべきことをする

理想の人生、自分にふさわしい人生を生きたいと思うのなら、恐れを克服する方法を学ばなければならない。恐怖は、夢の唯一にして最大の敵であり、他のどんなものよりも私たちの夢の実現を妨げている。恐怖のせいで、人は成功に必要な行動をとることができなくなり、その場で立ち往生してしまう。

恐怖で体が凍りつくと、血液の流れが悪くなり、脳に十分血液が回らなくなる。その結果、判断力が損なわれ、事態はますます複雑になる。もはや、恐怖を感じているだけでなく、思考力や問題解決能力までも危機に瀕している。恐怖を克服することの大切さは、いくら強調しても足りないくらいだ。真ん中を通り抜けるのでも、迂回するのでも、上を通るのでも、下を通るのでもかまわないから、とにかく恐怖を通り過ぎて行動を起こさなくてはならない。

そのための方法のひとつは、自分のするべきことをきちんとすれば、すべてはうまくいくと信じることだ。私が「自分のするべきこと」という表現を使ったのに注意してほしい。どんな状況であっても私たちにできることは必ずあり、私たちはそれを進んでおこなわなくてはならないのだ。

＊成功への提案69　自分のするべきことをしよう。そうすればすべてはうまくいく。

70

危険を冒す

おもしろいことに、人間には本来ふたつの恐怖しかないという。大きな音に対する恐怖と、落ちることに対する恐怖だ。その他の恐怖はすべて後天的なものである。

「怪我するといけないから、あれをするな、これはだめだ」と、よく子どもたちに言い聞かせるだろう。これにはいい面もある。きちんと教えることによって、子どもは道路に飛び出したりしなくなる。しかし、子どものためを思うあまり過保護になりすぎて、子ども本来の好奇心の芽を摘んでしまう危険性もある。

私たちは、さまざまな恐怖とともに成長し、新しいことを避ける習慣を身につけてしまう。いつでも現状維持ばかりを考えるようになる。大人が新しいことに挑戦するのを恐れるのは、失敗に対する恐怖が原因だ。

危険を冒さなければ、絶対に失敗しない。だが残念なことに、危険を冒さなければ成功もできない。自分の可能性を最大限に生かすためには、あえて危険を冒さなければならないときが必ずある。理想の人生を生きるためには、恐怖ときちんと向き合い、それを乗り越えるために行動を起こさなくてはならない。

＊成功への提案70　失敗に対する恐怖を乗り越え、新しいことに挑戦しよう。

71

完璧にできなくても気にしない

恐怖は三つのカテゴリーのうちのどれかにあてはまる場合が多い。失敗する恐怖、傷つく恐怖、完璧にできない恐怖の三つだ。最後の「完璧にできない恐怖」とは、すべてを完璧にやらなければならないという思い込みのために、何かに挑戦するのを躊躇してしまうことだ。私たちは、自分自身に対して過度に批判的になる習慣が身についてしまっている。非現実的なほどに高い能力や結果を期待してしまっている。ビリー・ジョエルが歌っていたように、私たちはただの人間だというのに。

自分には能力がないと思い込んでいるために、参加するのをあきらめてしまった活動がどれくらいあるだろう？　完璧にやらなければと思い込んでいるばかりに、歌やダンス、演劇、スポーツ、人前でのスピーチなどを、やる前からあきらめてしまっていないだろうか？　だが皮肉なことに、やってみなければ何事もうまくはならない。完璧にできない恐怖に打ち勝つ最も簡単な方法は、完璧にできなくても気にしないことだ。必要な技術や能力を身につけるまでは、うまくできなくてもしかたがない。完璧主義にとらわれて、人生のさまざまな活動に参加する喜びを逃さないようにしよう。ゴッホやダリやダヴィンチの絵がすべて完璧だと、本気で考えている人などいるだろうか？　初期の絵を見れば、偉大な芸術とは呼べないものがあるはずだ。

ビリー・ジョエルやエルトン・ジョンは、生まれたときからヒットソングを書いたのだろうか？　いや、初期の作品はレコーディングする価値もないものだった。ビリー・ジョエルは自分の才能に絶望して自殺を考えたほどだが、現代で最も成功したソングライターになった。あなたは赤ちゃんのとき、ある日いきなり立ち上がって歩き出したのだろうか？

そんなことはないはずだ。まず、はいはいから始まり、次に立ち上がったり転んだりを繰り返す。そしてやっと歩けるようになる。今、現在、あなたがこうして歩いているのは、そのころ進んで失敗したからだ。今度音楽が聞こえてきたら、ためらわずに踊り出そう。恐れていることをすれば、恐怖は死に絶える。

＊成功への提案71　完璧に、という思い込みを捨て、いろいろなことを楽しもう。

72 失敗など存在しないと考える

失敗などというものはない。どんな行動にも必ず成果がある。何かをやろうとするとき、行動さえ起こせば、必ず何らかの成果を生むのである。期待していた成果とは違うかもしれないが、成果であることには変わりない。そう、あなたは決して失敗などしないのだ。

失敗する恐怖のせいで、行動すら起こさない人があまりにもたくさんいる。独立して自分でビジネスを始める場合は、特にそうだ。「失敗したらどうしよう」という疑問が、真っ先に頭に浮かんでくる。どういうわけか、始めてもいないうちに、自分は成功できないと決めつけてしまっているのである。だが、これは理解できる。私たちのほとんどは、このような思考パターンを植えつけられているからだ。

たとえ全員でないとしても、ほとんどの成功した起業家は途中でさまざまな困難に直面している。だが彼らは、それらの困難を単なる一時的な後退だと考える。一方、成功とは無縁の人々は、同じような困難を失敗だと考える。そして成功のチャンスをつかむ前にあきらめてしまうのだ。いわゆる「失敗」と呼ばれるものについて考え直し、それ本来の姿――一時的な後退、または貴重な経験――としてとらえるようにすれば、成功する可能性は大きくなるだろう。トマス・エジソンは電球を完成させるまでに一万回の失敗をしている。そんなに失敗するのはどんな気分かとたずねられると、彼はこう答えた。「失敗はしていない。電球をつくることのできない方法を一万通り発見しただけだ」。また別のときには、自分が成功したのはうまくいかない方法を使い切ったからだとも語っている。

恐怖に打ち勝って成し遂げたものは、最初に期待していたものより素晴らしいものになることがある。クリストファー・コロンブスはインドへの近道を発見しようとして新大陸に行き着いた。彼は失敗したのだろうか?

＊成功への提案72　期待していた成果と違っても、失敗と考えるのはやめよう。

73

望んだ結果を得るまで行動する

失敗する恐怖を乗り越えるためには、行動を起こし、その結果を吟味し、望んだ結果が得られるまで行動を改善していけばいい。

サンフランシスコからマウイへ行く飛行機は、飛行時間の九十パーセントをコースを外れて飛んでいる。なかなか心強い数字ですね。

旅客機の世界では、コースを外れて飛ぶことは問題ではないのだ。機体のコンピュータが小さなミスを常にチェックし、安全にハワイの空港まで導いてくれるからだ。コースを外れることは普通の手順のひとつであり、ごく自然なことなのである。

あなたも同じようにできる。自分の行動の結果をよく吟味し、うまくいかない方法を排除してうまくいく方法にさらに力を注ぐようにすれば、望んだ結果を得ることができる。

これは、健康やダイエット、人間関係の問題から、自分でビジネスを始める場合まですべてにあてはまる。

＊成功への提案73

とにかく行動し、うまくいかない方法を捨て、うまくいく方法を見つけていこう。

74

自分にポジティブな言葉をかける

自分に向かって何度も語りかける内容は、人生のあらゆる分野での成否を決める鍵のひとつである。

まずは、自分との会話についてもっと詳しく見ていこう。私たちは一日を通して、起きている間はずっと、自分との会話を続けている。私たちは常に何かを考えている。または、もっと正確に言えば、常に自分に語りかけている。一分間に何百もの言葉が意識の中を通り過ぎていく。しかし残念なことに、どういうわけか、ほとんどの人が自分にネガティブな言葉をかけてしまう。その原因の一端は、子供のころにさんざん聞かされたネガティブなメッセージにあるだろう。

ネガティブなメッセージを送ってきたのは、おそらくは善意の人々、彼ら自身もネガティブな現実を生きている人々である。

何か失敗をしたとき、あなたはどう反応するだろう？　たとえば、コンピュータソフトの使い方が理解できなかったときは、自分にどのような言葉をかけるだろう？　多くの人が自分に向かって「自分はなんてバカなんだ」「だから何をやってもダメなんだ」という言葉をかけるのを、私は何度も聞いてきた。実際は、ただ新しいソフトウェアの使い方がわからなかっただけなのに。これは、何の根拠もないでたらめであるだけでなく、自尊心を大きく傷つけてしまう。

人はいつでも、セルフイメージに基づいて行動する。そして私たちのセルフイメージは、自分に向かって何度も語りかける言葉によって形づくられる。何かうまくやることができたら、それを認め、自分に前向きな言葉をかけて、その前向きな行動をさらに強める。そして何かで失敗をしたら、失敗はただの失敗にすぎないと考え、自分はただの人間だと認め、次はうまくやろうと自分に言い聞かせる。自分に語る言葉の力を利用して、理想の習慣や性質を身につけていこう。

＊成功への提案 74　今、自分にかけられる言葉はないだろうか？
うまくいったこと、うまくいかなかったこと。
それぞれについて、自分に言葉をかけよう。

75 子供に前向きな言葉をかける

何度も何度も繰り返された言葉は、それがどんな内容でも、聞き手の潜在意識に深く浸透する。マクドナルドほか、すべての宣伝の達人はそれを知っている。

私の妻は、八歳のころに放送されていた歯磨き粉のコマーシャルソングを今でも歌うことができる。現在、先進国に暮らす子供たちは、みなマクドナルドの歌をうたうことができるだろう。

あなたが選んだ言葉、あなたが繰り返し使ったフレーズは、この先ずっと子供の心に影響を与える。それなら、子供が能力を発揮する助けになるような言葉を使ったらどうだろう。彼らが、独創的で、創造的で、賢く、愛にあふれ、力のある成功した人になれるような言葉を使うべきだろう。

前向きで、子供の自尊心を高めるような言葉を日常的に使っていたら、どんな結果になるか想像してみよう。あなたの子供たちはみな、素晴らしい人間になるだろう！

前向きなメッセージを送ると今すぐ心に決め、それを子供の幼い心に浸透させよう。子供に話すときに前向きな表現を使うことを習慣にしよう。

＊成功への提案 75

毎日、子供のうまくいっていることを見つけ、「どんどんよくなっていくね」「じょうずになるね」などと声をかけよう。

76

安全地帯から外に出る

傷つく恐怖、無視され、恥をかき、笑われ、エゴがぺしゃんこにされる恐怖も、人生をフルに生きたいなら克服しなければならないものだ。

小さな傷――それが想像上のものでも現実のものでも――は辞さないという態度でなければ、自分の本当の可能性を知ることも、人生を最大限に生きることもできない。これはなにも、実際に怪我をするようなことをしろとか、持っている物をすべて賭けてギャンブルに出て経済的に破滅しろとか言っているわけではない。

私が言っているのは、安全地帯から外に出てリスクを冒すときに受ける傷、つまりエゴが潰されたときに受ける傷のことだ。ここに、作家としての私の場合を例にあげよう。最初の本の執筆中に、私はとても快適で危険が何もない地帯、すなわち「執筆中」という地帯に安住していた。「本を書いているんだ」という言葉は、すべてのことに対するいいわけになる。完璧な安全地帯だ。本を書き続けている限り、失敗することも拒否されることもない。

だが残念なことに、その安全地帯から外に出ないことには、私の著書を読むのは私だけという事態になってしまう！　成功した作家という素晴らしい勝利感を味わうためには、「執筆中」という安全地帯を抜け出し、本を出版し、売らなければならない。

「執筆中」である限り、私は安全だ。だが、成功するためには、リスクを冒さなければならない。幸いなことに、私の最初の本は大きな成功を収めた。そして、多くの人が私の本から何かを学び、人生をいい方向へ変えていったのを知った。それは素晴らしい体験だった。

＊成功への提案76　人生を最大限に生きるために、傷ついたり恥をかいたりするリスクを冒そう。

77 恐怖に打ち勝つ

たとえ恐怖を感じても、前に進んでいこう。その過程を簡単にするために、以下の方法を提案する。

1　自分の恐怖ときちんと向き合う

自分の恐怖を否定することはできない。もし知らない人に電話をするのが恐いのなら――これはビジネスをおこなううえで大きなマイナスになるだろう――その恐怖を自覚しなければならない。

2　自分の恐怖を分析する

どんな恐怖が、ほしいものを手に入れるのを妨げているだろう？
行動を起こした場合、最悪の結果はどんなものだろう？
その最悪の結果は、どれくらいの可能性で起こるものだろうか？
もし最悪の結果になった場合、自分はそれでも生きていけるだろうか？

3　成功を思い描く

自分の行動が成功に終わるところを想像しよう。

4　悪循環を断ち切る

とにかく、何かをする。立ち上がって、部屋の中を歩き回ろう。おしゃべり、飛び跳ねるなど、何でもいいからとにかく体を動かして、勢いをつけよう。

5　実行する

エネルギーがみなぎってきたら、受話器をとって電話をしよう。いったん始めてしまえば、恐怖は消えてしまうだろう。まったく知らない人に電話をするのが心から好きになれなくても（それが好きな人はほとんどいない）、電話している時間だけ恐怖心を忘れることならできるようになる。

＊成功への提案77　始めてみよう。そうすれば恐怖は消える。

78

エゴが傷つくのを恐れない

成功できないのを恐れて何かの行動を避けてしまうことはよくあるが、実際は、たとえ成功できなくても失うものなど何もないのである。

説明しよう。あなたは今パーティにいる。そして部屋の反対側に、「完璧な」人を見つけた。その人のところにいってダンスを申し込みたいが、断られるのが恐くて躊躇してしまう。ここで少し考えてみよう。その人にダンスを申し込んで、仮に断られたとしても、あなた自身は何も変わらない。申し込む前と同じように、ダンスをしていないだけだ！失うものなど何もないだろう。持っていない物は、失うことができないのだから。

ビジネスの場合で、断られるのが恐くて新規の売り込みができないことがあるが、それも状況は同じだ。私がまだあなたの顧客でないなら、私があなたのセールスを断ったとしても、私は依然としてあなたの顧客でないままだ。あなたは、エゴが傷ついた以外は、何も失っていない。そしてエゴの傷は乗り越えなくてはならないものだ。

＊成功への提案78

失敗を恐れず、新しい行動を起こそう。失うものなど何もないのだから。

79

すべてうまくいくと信じる

恐怖に打ち勝つ最善の方法は、強く揺るぎない信念を持つことだ。こんな素晴らしい言葉がある。「恐怖がドアをノックする。信じる心が応えると、そこには誰もいない」信念とは、たとえ結果がまだわからなくても、すべてはうまくいくと確信することだ。信念とは、どんな状況でも望んだ結果を得られると、証拠がなくても信じることだ。信頼すること、それも「子どものように」心から信じることだ。

私は過去に、どうにも行きづまって次に何をしたらいいのかわからないことが何度もあった。おそらくそんな時期に、信念が本物かどうか試されるのだろう。それらの困難に直面したとき、私はゴールに気持ちを集中し、自分にできることをやり、後は「人事を尽くして天命を待つ」の言葉どおり天にすべてをまかせた。信じる心を持ち、必要な行動を起こし、うまくいくと信じていれば、必ずうまくいく。

自分はそれほど信じやすくない、もっと懐疑的だ、などと感じることもあるだろう。だが、それはまるでナンセンスだ。自分が日々抱いている信念を思い出してみるといい。最も単純なものでは、息を吐くことだ。次に吸う空気があることは、信じて疑っていないだろう。だが、家賃や車のローンのお金については、いつも心配している。明日太陽が昇るかどうか心配する人はいない。私たちは、太陽は必ず昇るものだと、心から信じている。片側一車線の道路で時速百キロで車を走らせている場合、他の車もずっと自分の車線を走り続けると信頼している。わざわざ疑問に思ったりしない。そういうものだという信念を持っている。そしてたいていの場合、その信念が裏切られることはない。だから、他のことでもくよくよ思い悩むことなどないではないか。

あなたが何かを成し遂げようとするなら、それが健康であれ、ビジネスであれ、人間関係であれ、経済状態であれ、教育であれ、精神的な生活であれ、そして途中で何が起こっても揺るぎない信念を持ち続けるのなら、それは必ず実現する。

＊成功への提案79　成功を信じよう。成功するかどうかは、信じる程度に比例する。

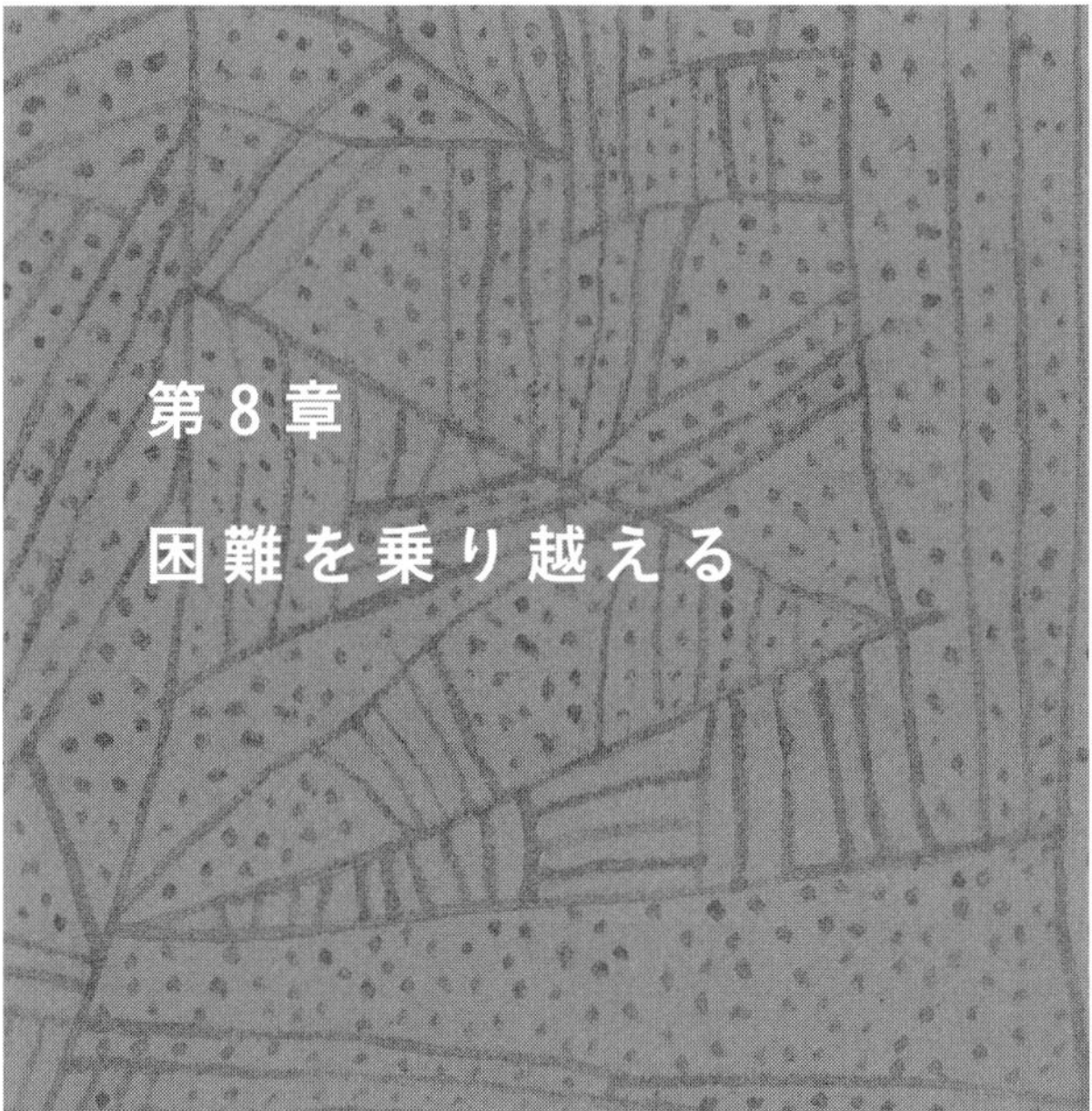

第8章

困難を乗り越える

「人生で最も大切な仕事は、
はるか彼方にあるものを見ようとすることではなく、
目の前にはっきり見えるものをきちんと実行することだ」

トマス・カーライル（十九世紀スコットランドの思想家）

80 毎日の自分の選択を見直す

私たちの人生は選択の連続であり、いい選択もあれば悪い選択もある。そしてそれらの選択が、私たちの行く先を決める。哲学的な発言で知られる偉大な野球選手のヨギ・ベラは、ハーバード大学の大学院生を相手にした講演で次のように語った。「生きていれば、必ず分かれ道にぶつかる。そこから逃げるな」。ヨギ・ベラのような人は、正式な教育をほとんど受けていないが、実体験による深い人生哲学を身につけている。私たちは常に選択している。何を着るか、どこへ行くか、何を食べるか、誰と一緒にいるか等々。そして選択の多くは、習慣に従って無意識のうちにおこなっている。

昼食でレストランに行って、オーダーを聞かれたときに大して考えもせず「ハンバーガーとフライドポテトとソーダ」と言ったことが、何回ぐらいあるだろう？　本当は何が食べたいのか、さらには、本当に体にいい食べ物は何なのか、じっくり考えたことはあるだろうか？　考えたことはないかもしれない。単にいつもの習慣でオーダーしているかもしれない。

仕事のときはどうだろう？　慣れ親しんでいるという理由だけで、いつも同じ選択をしていないだろうか？　いつもと違った選択をしたらどうなるか、ここで少し考えてみよう。たとえばランチのとき、脂肪や糖分やコレステロールたっぷりのいつものメニューの代わりに、本当に体にいい食べ物をオーダーする。仕事をするときに、いつものやり方の代わりに、もっと効果的で、クリエイティブで、生産的な新しいやり方を選択してみる。どんな気分になるだろう？　家に帰ったら、真っ先にテレビのスイッチを入れたりネットサーフィンを始めたりするのではなく、家族と有意義な時間を過ごす。職業選択について考え直すのもいいかもしれない。著名な講演家のジグ・ジグラーが言っているように、昨日も行ったからという理由だけで仕事に行くのなら、自分の選択について考え直したほうがいいのだから。

＊成功への提案80　私たちの人生は選択の連続だ。
今日はいつもと違う選択をしてみよう。

81 新しい選択をする

日々の生活でしている選択を見直してみよう。それらの選択は、あなたを目的地へ導くものだろうか？　ノートに新しい選択を書き、それを実行してみよう。

もし体重を減らしたいのなら、食後にデザートを食べる代わりにウォーキングをすればいい。家族の対話を増やしてもっと仲よくなりたいのなら、他の家族のやることを参考にしたり、週に一回家族全員が集まってお互いの気持ちや考えを話す時間をつくったりすればいい。中には、そんなときに他の家族も招き、それが地域で人気の集まりになった例もある。

日々の選択を自覚するようにすれば、望みの人生へと導いてくれるような食べ物、活動、状況などを、選ぶことができるようになる。小さな、一見すると些細な日々の選択が、自分という人間をつくっているのである。現在の生活は、今までの選択をすべて足したものなのだ。人生を変えるためには、新しい選択をしなければならない。

自分の健康に大きな影響を及ぼすような選択をする場合の、典型的な例をあげてみよう。たとえば、のどが渇いているとする。真っ先に頭に浮かぶのは、ソーダかもしれない。だが、自分の選択と行動を自覚していれば、ただ漫然とソーダを飲むのではなく、代わりに水を一杯飲むだろう。水を飲んだ後にまだのどが渇いていればソーダを飲む、とすることだってできる。だが、水を飲めばのどの渇きは癒され、ソーダはほしくなくなっているだろう。このシンプルなひとつの選択だけで、あなたは健康になり、お金も少し節約することができる。ソーダを飲みたくなるたびにそのお金を貯めておいて、利子のつく貯金に回すこともできる。それだけのことで、何年か後にはそれこそ一財産築いているだろう。これらの日々の選択が、長い目で見れば、さらに幸せで、健康で、充実した人生へと、導いてくれるのだ。

＊成功への提案 81　望む人生へと導いてくれるような新しい選択を、ひとつひとつの場面でしていこう。

82

ゴールをめざして真剣に取り組む

成功している人とその他大勢との決定的な違いは、成功している人は自分の夢やゴールをめざして真剣に取り組んでいる点だ。成功している人々は、ちょっとつまずいたからといってすぐにあきらめたりしない。彼らは最後までやり通す。怠けたり、先延ばしにしたりしない。怠け心よりも強い、取り組む姿勢を身につけているからだ。クリスマスの朝の子どものように期待に胸をふくらませて仕事を始めたのに、最初のハードルでもうあきらめてしまった人を、あなたは何人知っているだろう？　もしかしたら、あなたがそうかもしれない。私はそうだった。新しいビジネスを始めて最初のハードルであきらめてしまったことが何回かある。成功させるためには、全身全霊で取り組まなければならない。

何年か前、私はスポーツジムの会員になろうとしたが、冬に通うことの億劫さを考えてやめてしまったことがある。私には取り組む姿勢がなかった。だが昨年、私は自分の見かけと健康状態に、ついに嫌気がさしてしまった。そしてもう一度スポーツジムについて考えてみた。とにかく、何かしなければならなかった。そして今度は入会した。ゴールを決め、それを必ず達成すると固く誓った。ある冬の朝六時、外の気温が氷点下でも、真剣に取り組むと誓った私は、運動着を身につけてスポーツジムに向かっていった。

何が変わったのだろう？　状況は前とまったく変わっていない。変わったのは、私だ。私は取り組む姿勢を身につけた。外が寒かろうと、他に何があろうと、最後までやり通す決心を固めていた。私は健康な体を手に入れ、スタイルもよくなった。それもこれも、真剣に取り組んだからだ。

＊成功への提案82　あきらめずに、怠けずに、最後まで取り組もう。

83

逃げ道を残さない

あなたの夢やゴールが何であれ、それが実現するかどうかは、どれだけ真剣に取り組むかにかかっている。あきらめずに努力を続ける意志があるだろうか？　自分のビジネスを持っているなら、またはこれから始めようとしているなら、拒否されたり、後退したり、失敗さえしたりしても、それでもあきらめずに夢を追い求める覚悟はあるだろうか？　たとえどんなに不利なオッズでも、自分の存在を賭けて取り組み、あきらめるのを拒否するだろうか？　これらの質問に心から「イエス」と答えることができたら、成功する可能性はかなり大きい。

他のすべての要素が同じであるなら、取り組む気持ちが最も強い人だけが成功し、他のすべての人は失敗するとさえ言ってもいい。

何かが思ったとおりに運ばなくなったとき、あなたの取り組む姿勢が試される。真剣に取り組んでいれば、何が起こっても乗り越えることができるだろう。新しい人間関係を築く場合でも、ビジネスを始める場合でも、ダイエットしたい場合でも、同じ原則があてはまる。成功したかったら、全身全霊で取り組まなくてはならない。

あなたが独立してビジネスを始めるとしよう。現在そういう人はたくさんいるし、実際に独立した人の多くが、困難に直面したり、独立することの喜びを味わったりしている。ナポレオン・ヒルは古典的名著の『思考は現実化する』(きこ書房)の中で、「すべての橋を焼く」ことについて書いている。「橋を焼く」こと、すなわち逃げ道を一切残さないことだ。なぜそうしなければならないのだろう？　それは、逃げ道がまったくなくなれば、自分の持てる力をすべて使って成功に向かって前進できるからだ。一歩下がって状況を眺めるような、日和見主義に陥らないように気をつけよう。日和見主義は失敗の原因になる。とにかく、わき目もふらずに真剣に取り組まなくてはならない。

＊成功への提案83　逃げ道を残さず、自分の持てる力をすべて使おう。

84

自分にテコ入れする

どうすれば取り組む姿勢を強くすることができるだろう？　困難に直面してもやる気を鼓舞するにはどうすればいいのだろう？　凍てつくような冬の朝に、毛布にくるまって寝ている代わりに、運動をするためにベッドから飛び起きるためには、何が必要なのだろう？三回続けてセールスが失敗しても、さらにもう一回電話をかける気にさせるものは、いったい何なのだろう？　友だちがみんなゴルフに行くのに、家族と一緒に過ごすほうが大切なんだと自分を納得させるものは何だろう？

自分のやる気を維持し、支えるためには、自分にテコ入れすることが必要だ。テコの力の大きさによって、取り組む姿勢の強弱も決まる。私たちのすることは、すべて、楽しさを増すためか、苦痛を取り除くための、どちらかにあてはまる。

力強く、確固とした意志を持つためには、自分を押し上げる強いテコが必要だ。他人からテコ入れされることは、日常的によくあることだろう。たとえば上司は、「一月までにノルマを達成したらボーナスを出そう」などと言ってあなたのやる気を鼓舞するだろう。あなたは喜びと苦痛を天秤にかけ、自分の行動を決める。喜びが苦痛を上回れば、頑張ってノルマを達成しようとする。

見返りが大きければ、どんなゴールも達成できる。たとえば、土砂降りの夜に四十キロ歩けば百ドルあげると言われても、すぐさま断るだろう。だがその見返りが十万ドルになれば、相手の言葉が終わらないうちに歩き出しているはずだ。

＊成功への提案84　やる気を維持するために、自分にテコ入れしよう。

85
得るもの・失うものを書く

取り組む姿勢を強化するために、テコの原則をどのように利用すればいいのだろう？ とても簡単なことだ。あきらめずに頑張ってゴールに到達できたらどんないいことが待っているかを考え、それをノートに思いつく限り書いてみる。とにかく思いつく限り書く。やる気を維持するためには、楽しいことがなければならないのだから。

ビジネスに関していえば、楽しいこととは、余分なお金で自分や家族のほしいものをすべて買えることかもしれない。それをリストにしてみよう。どこか遠くの国へ旅行することでもいいし、そこで経験できるすべての楽しいことでもいい。愛する人と過ごす時間が増えることかもしれないし、あるいはただ単に自分の運命を自分で握っているという感覚かもしれない。あなたにとっての楽しいことが何であれ、それをすべて書いてみよう。

そして次のページに、成功できなかった場合に味わうであろう苦痛をすべて書く。あなたは何を失うだろう？　まだゴールに到達していないために、すでに失っているものは何だろう？　取り組む姿勢を失ってしまった場合、結果はどうなるだろう？　それは、嫌いな仕事をいつまでも続けていることかもしれない。尊敬できない上司のもとで働き続けることかもしれない。今と同じような生活が、この先二十年かそれ以上続くことかもしれない。

＊成功への提案85　ゴールを達成した場合に得るもの、達成しない場合に失うものをすべて書き出そう。

86

結果に意識を向ける

健康についてもっと真剣に取り組みたいと思っているのなら、自分にこうたずねてみよう。「今、これをしなければ、十年後、二十年後、三十年後には、自分の体調と体型はどうなっているだろう？」

私が自分にこの質問をしたとき、運動を始めなかった場合の三十年後の自分の姿がありありと見えた。その姿にぎょっとした私は、とるものもとりあえずスニーカーを履いて外に飛び出した。これは数年前の出来事だ。そして私はそれ以来、定期的な運動を続けている。たまにはもとの怠け者に戻ってしまうこともあるが（誰でも経験することだろう）、そんなときは三十年後の姿を再び思い浮かべると、またやる気がわいてくる。すべての場合において（健康と運動に関する場合は特に）、結果を常に心にとどめておけば、困難に直面しても切り抜けることができる。なぜこれをしているのか、常に確認するようにしよう。

オリンピックの金メダリストは練習が大好きなのだろうか？　もちろん、そんなことはない。彼らだって、オリンピックまで何百日も練習する代わりに、何か別のことをしたいはずだ。だが、彼らは練習を続ける。メダルというゴールがあるからだ。彼らは、勝者になった自分の姿と観客の大歓声を思い浮かべる。世界レベルの選手になるための苦しい練習も、メダルをとるという決意があるからこそ乗り越えられるのである。

目的に気持ちを集中させよう。テコの力を使って自分のやる気を維持しよう。そうすれば、想像もしなかったほど素晴らしい人生が送れるはずだ。私が保証する。

＊成功への提案86　結果に意識を向け、やる気を維持しよう。

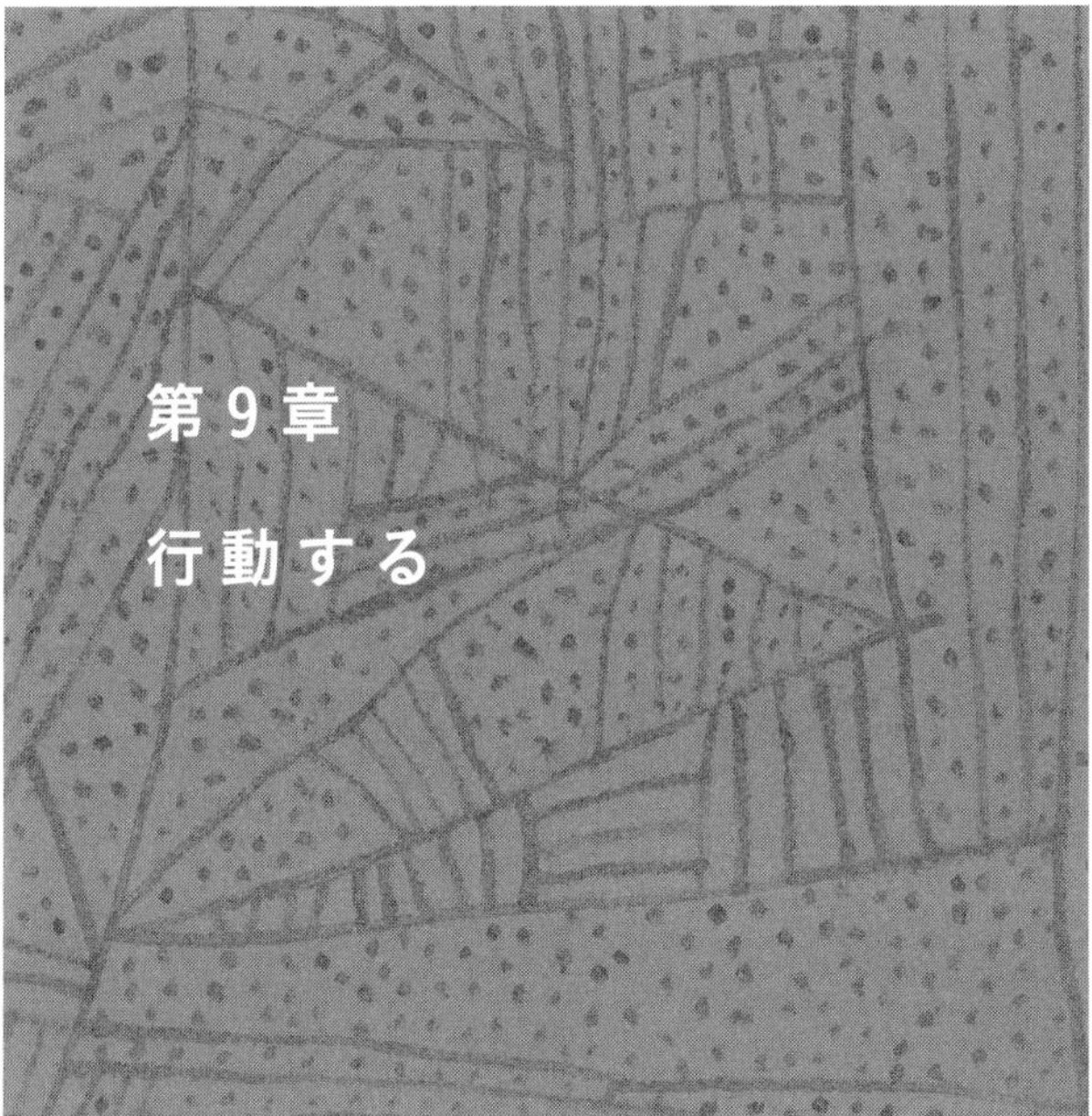

第9章

行動する

「魂のない体が死んでいるのと同様、
行動の伴わない信仰も死んでいる」

新約聖書・ヤコブの手紙2章26節

87

最初の一歩を踏み出す

自分の人生で変えたいものを明確にし、できるという信念を身につけ、真剣に取り組み、自分の夢を思い描き、この先にある可能性に興奮し、恐怖を乗り越え、自分を信じて目標を定めれば、次にやることは、実際に行動を起こすことだ。行動において最も大切なのは、すぐに最初の一歩を踏み出すことだ。つまり、ゴールを決め、それぞれのゴールについて、今、この瞬間に何ができるかを自分に問いかけ、すぐに行動を起こすことだ。ゴールに到達するために、今すぐできる簡単な行動は何だろう？

たとえば、あなたのゴールが、体重を落としてもっと健康になることだとする。その場合、まずできることは、スニーカーを履いてウォーキングに出かけることだろう。他には、スポーツジムの会員になるという方法もある。結婚生活をよりよくすることがゴールなら、相手を愛することはもちろん、特別な記念日でもなくても花を贈るという方法もある。ちょっと旅行代理店に立ち寄って、ロマンチックな旅行のパンフレットをもらってくるのもいいだろう。自分のビジネスを始めることがゴールなら、まずできることは、ビジネス・チャンスのある会合に出かけることだろう。起業のノウハウが書かれた本を買うのもいい。起業家になるための本なら、素晴らしいものがたくさん出ている。

ノートを開き、一年または短期のゴールをリストにする。それぞれのゴールの下に、今すぐできる簡単なことを書く。そして、実際に行動してみよう。行動を起こすことが大切なのには、いくつか理由がある。まず、行動を起こせば、潜在意識に「自分は真剣だ」というメッセージを伝えることができる。次に、行動を起こせば慣性の法則が働く。物体は一度動き始めると、次に何か大きな力が加わるまでは運動を続けるという法則だ。だから、今すぐ始めよう。また、ゴールに向かってすぐに行動を起こせば、満足感が得られるというおまけもある。自分のやっていることに確信が持てるようになり、さらにやる気が増すだろう。

＊成功への提案87　今すぐ簡単にできることから始めよう。

88

適切な行動を増やす

大きな夢がなければ、大きな人生を生きることはできない。それと同様に、大きな人生を生きたいなら、大きな行動をとらなければならない。かつて、体重を減らそうとしてなかなか成果が出なかったとき、私は大幅な減量に成功した友人を訪ねた。週に三回、二十分のウォーキングをしているのに体重が減らないと私が言うと、彼は「一週間は何日ある？」と私にきいた。私は当然「七日だ」と答えた。すると彼は、「じゃあ、週に七日歩けば体重は減るよ」と言った。私は彼に言われたとおりにした。そして体重は減った。行動を起こしても成果が現れない場合は、間違った行動をとっているか、行動が足りないかのどちらかだ。

大きな行動をとれば、大きな変化が現れる。自分が適切な行動をとっていることを確認し、それなりの成果を得ていたら、その行動をさらに増やしてみよう。もっと大きな効果があがる。簡単なことではないか。

たとえば、営業の電話を一日に十件かけてそのうちの一件か二件契約することができているのなら、電話の数を五十から百にすれば、契約は五倍から十倍になるはずだ。そしてあなたのビジネスの成長率は五百から千パーセントにもなる。実際、行動を増やせば、単純なかけ算以上の成果をあげることができる。行動を増やせばそれだけ熟達し、成功する確率を上げることができるからだ。

かつての私と同じように、あなたも健康になるという目標を掲げて、週に三回二十分歩いているのなら（余談だが、このレベルの運動は現在の状態を維持するのには適している）、それを三十分で週に五、六回まで増やしてみよう。単純なかけ算以上の成果があるはずだ。

＊成功への提案88　適切な行動を増やそう。もっと大きな成果があがるはずだ。

89

きちんと計画を立てる

ただやみくもに行動するだけでは、疲れるだけで成果もあがらないものだ。きちんと計画を立てなくてはならない。ノートを開き、この一年の大きな目標を、一ページにひとつずつ書く。そして余白に、自分の行動プランを書く。誰に相談しよう？　まず何をしよう？　ゴールに到達するまでの小さな目標は何にしよう？　どうやって成果を判断しよう？

たとえば、ビジネスを成長させるというゴールを掲げた場合、一緒に働く人のリストをつくることができるだろう。電話をかける相手を思いつく限りあげてみるのもいい。または、最終的な目標を達成するまでに、小さなゴールを設定してもいい。たとえば、ある金額を貯めるというのはどうだろう。そのお金を使って、インターネットのホームページをつくるなど、マーケティング活動を増やすことができる。週ごとの「小さいゴール」を決めるのもいい。長い目で見てあなたを長期のゴールに導いてくれるような行動だ。私個人は、一年かそれ以上の長期のゴールにつながるような行動を、週に少なくともふたつは実行するようにしている。

行動を決めるとき、自分にたずねてみよう。「今からしようと計画していることは、究極の目標に自分を連れていってくれるだろうか、それともそこから遠ざけてしまうだろうか?」。自分の時間をどこに投資するかを決める際、この質問は大いに役に立つ。テレビを見るか、それともビジネスのミーティングに出かけるか迷ったら、この質問をすれば、自分の将来にとって本当に大切なものを思い出すことができるだろう。

週ごとの計画の中には、ゴールのための行動の他に、その週にやりたいことを含んでもかまわない。運動をする日、友だちとの約束、ミーティング、雑用、大切な電話など、いろいろあるだろう。一週間の状況が一目でわかれば、それらの行動を一日一日にうまく割り当てることができるようになる。

＊成功への提案 89　一年の大きな目標と週ごとの小さな目標を立て、実行しよう。

90

必ず優先順位を決める

あまりにも多くの人が、貴重な時間を私が言うところの「忙しい仕事」に無駄づかいしてしまっている。これは誰でも身に覚えがあるはずだ。嫌な仕事を避けるために、どうでもいい仕事をさも大切なことであるかのように扱って、いいわけにする。拒否されたり嫌な思いをしたりするリスクを避けるために、仕事の準備にばかり時間をかける。だって、成功するためには準備が肝心じゃないか？

そこで私たちは、近くのビジネス用品店に出かける。そして、色とりどりのファイルや、便箋、封筒、ペン、新しいソフトウェア（きちんとしたデータベースが必要になるから）などなど、「絶対必要な」細々としたものを買い込むことになる。だが、はっきり言って無駄なことだ。誰かが言ったように、「単なる行動と生産性を混同してはいけない」のである。

よく言われているように、計画に一時間かければ、十時間節約することができる。つまり、投資した時間が十倍になって返ってくるのだ。大きな成功を収めている人や偉大な業績を成し遂げた人にインタビューしてみれば、彼らが時間管理をきちんとおこなっていることがわかる。彼らは行動の優先順位を決め、時間を割り振り、そのとおりに実行する。もし、もっと成功したいと思うなら、行動を起こす前にまずきちんとした計画を立てるようにしよう。

＊成功への提案90　優先順位を決めよう。

どうでもいい仕事や準備に時間を使わないこと。

91

いちばん大切なことから手をつける

いちばん大切なことほど、えてして余った時間にまわされてしまいがちだ。一日の予定をきちんと考えておかないと、大切なことをする時間がなくなってしまうだろう。

先日私は、ものを書くための時間、私にとって最も大切で最も楽しいことをする時間が、余った時間にまわされてしまっていることに気がついた。そこで、一日の予定の中に、書き物のための時間を一時間入れることにした。その結果、私はさらに生産的になり、そしてものを書くのもさらに楽しくなった。

私は、人生でバランスを保つ秘訣のひとつを、友人のジミー・サットンから学んだ。彼は弁護士として忙しく働くかたわら、毎朝運動をしている。私がどうしたらそんなことができるのかとたずねると、彼は、「一日にすることのトップ3を決め、運動をその中に含めているからだ」と答えた。

彼がトップ10と言わなかったことに注意しよう。本当に大切な行動を絞り、リストの上位に持ってくれれば、必ずそれをおこなうことになるのだ。「大きなこと」を先に片づけてしまえば、それ以外のことをする時間はいつでも見つけることができる。

一日の仕事や行動のうちで、あなたにとっていちばん大切なことを三つから五つあげてみよう。私の場合、いちばん先に決めるのは、書くことと運動の時間だ。次に、残りのふたつか三つの大切なことをする時間を決める。そして残りの時間を、重要度は低いがしなければならないことにあてる。

あなたの週ごとの予定、月ごとの予定の中には、自分のための時間、リラックスする時間は含まれているだろうか。もし入っていないのなら、それが本当に自分が望む人生なのか、よく考えてみよう。

＊成功への提案 91

一日でいちばん大切なことを決め、
それをする時間を確保しよう。
あまり大切でないことは、余った時間にすれば十分。

92

人にまかせる

すべてにおいて素晴らしい仕事ができる人などひとりもいない。あなたが誰よりもうまくできることもあれば、他の人のほうがうまくできることもある。嫌いなことや先延ばしにしてしまうことは、うまくできないことである場合が多い。本当に成功し、その状態を維持するためには、責任や仕事の報酬を他の人と分かち合うことを覚えなくてはならない。人にまかせることを覚えよう。

ロバート・シュラー博士の素晴らしい言葉を、私は人生の指針にしている。なぜそのような偉大な業績を残すことができたのかとたずねられると、博士はこう答えた。「私は自分のできることだけをしている」素晴らしい考え方だ！　つまり、他の人のほうがうまくできる仕事があれば、博士はそれを人にまかせる。そうすれば、自分がしなければならない仕事のほうに、より多くの時間を割くことができる。

また別の言い方をすると、自分にしかできないことだけをし、その他のことはもっとうまくできる人にまかせるということだ。そうすれば、私の妻の表現を借りるなら「ひとりでバンドの楽器を全部演奏しようとする」よりも、多くのことを成し遂げることができるのである。

自分の得意なことをしよう。経理よりも外回りのほうが好きなら、それでかまわない。経理担当者を雇えばいいのだから。周りを能力のある人で固めて、彼らに得意な仕事をやってもらおう。こんな素晴らしい言葉がある。「人生で望みのものを手に入れるには、他の人の望みをかなえてやればいい」

＊成功への提案92　他の人のほうがうまくできる仕事は、その人にまかせよう。そうすれば自分の得意な仕事に時間を使える。

93 チャンスを見逃さない

現在成功している事業の多くは、誰かの不満から誕生した。チャンスは至るところにある。あなたはただ、身の回りをもっと注意深く眺めるだけでいい。周りの人たちは、どんな不満を抱えているだろう？　何が欲しいと思っているだろう？

一九八〇年、ジェラルド・オール、パット・セン、ロバート・ディアズの三人は、人々が郵便局のサービスに不満を抱いていることに気がついた。そしてこう考えた。「荷物の梱包から配送に至るすべてを請け負うサービスがあってもいいのではないか？」。自分たちや周りの人の不満から生まれたこのシンプルな質問が、やがてメールボックス・エトセトラの誕生につながった。この企業は、現在、全世界に四千以上の支店を出している。

単純なニーズから世界的企業が生まれたもうひとつの例は、ホンダの物語だ。第二次大戦後の日本では、ガソリンの供給が不足していた。そのために人々は、移動の主な手段として自転車を利用していた。人々がもっと簡単に移動できるようにならないだろうかと考えた本田宗一郎は、自転車に取りつける小さなエンジンを開発した。エンジン付きの自転車なら、エネルギーを節約しつつ、早く移動することができる。その小さなエンジンが、世界のホンダの始まりだった。

あなたの周りにはどんなチャンスがあるだろう？　それを発見するひとつの方法は、人々の言葉に注意深く耳を傾けることだ。彼らは、現在手に入らないどんなものを欲しがっているだろう？

たとえば、インターネットのサイトが必要だという話をいろいろな人から聞き、そして知り合いにウェブデザイン会社に勤める人がいるのなら、その会社に新しいクライアントを紹介することで紹介料をもらうことができるかもしれない。注意して周りを見渡せば、簡単に、論理的に、合法的にお金を稼ぐ方法を、いつでも見つけることができるだろう。特に今日のような、ビジネスが世界に広がっている環境ならなおさらである。

＊成功への提案93　周囲の人々の話の中にビジネスチャンスを見つけることを、常に心がけていよう。

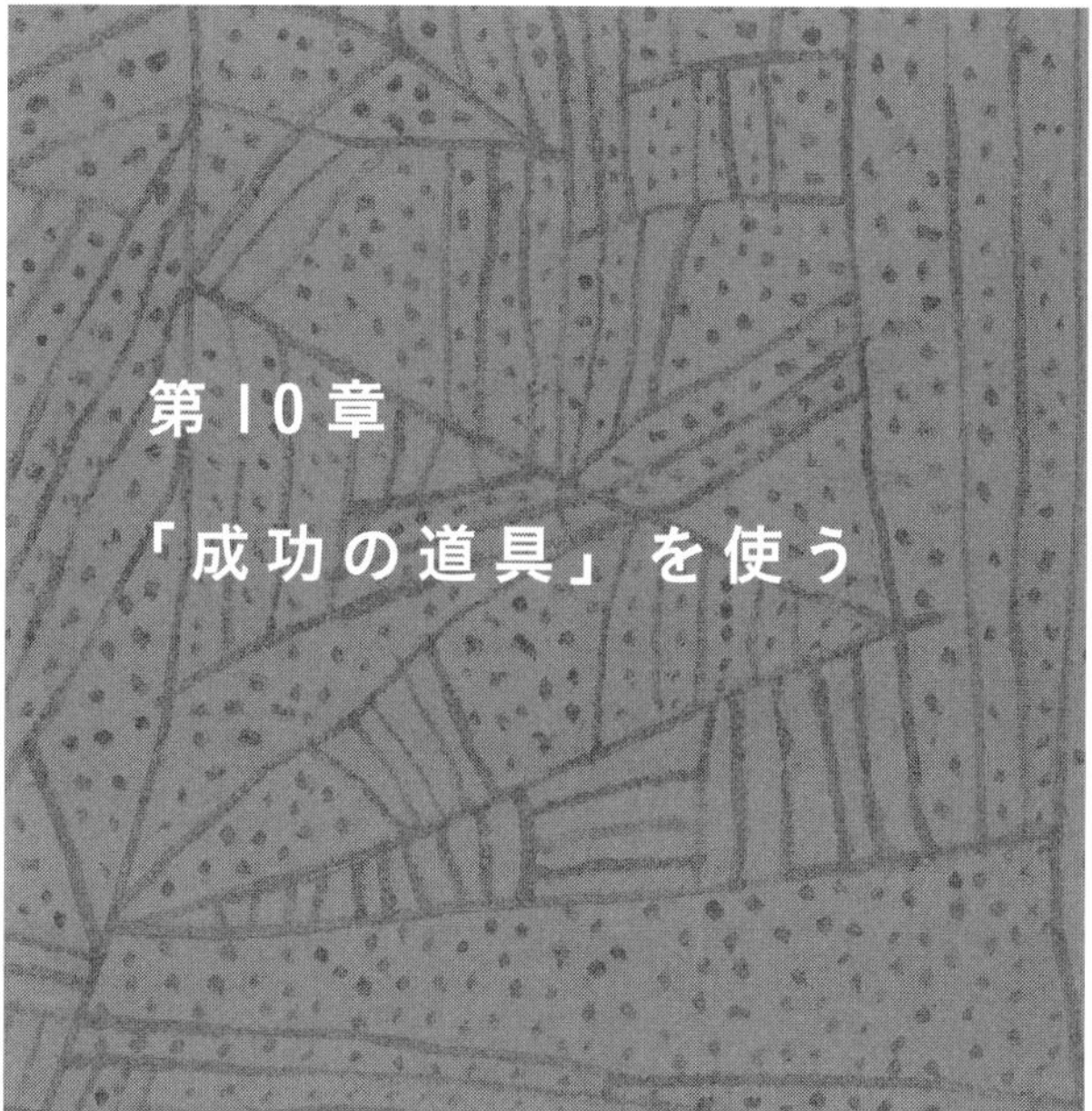

第10章
「成功の道具」を使う

「実際に成功した人の足跡をたどる以外に、
確実に成功する方法はない」

作者不詳

94 自分の望みを何度も確認する

ここからは、私や他の多くの人が使ってきた「成功の道具」をいくつか紹介する。道を踏み外さずに、迷わずに、幸せで実りある人生へ向かっていくための道具だ。自分に合った方法だけを採用すればいい。ここに書かれている方法を使って遊んでみよう。楽しむことが肝心だ。元気を出して、楽しもう。

最初のほうでも述べたように、確認は人生に変化を起こすうえで最も効果のある方法のひとつだ。自分のほしいものを、紙に書き、声に出して読んで、何度も確認しよう。その場合、現在形（私は〜だ、私は〜を持っている、私は〜を学ぶ）を使うのを忘れないように。自分の望みを声に出して確認することで、自分が望みのものを手に入れると信じていることを表明することになる。

鏡を使うのもいい。これも強力な方法だ。鏡を使って自分と向き合うと、最初は少し気がめいるかもしれない。だがへこたれずに続けてみよう。その結果に満足するはずだ。鏡の中の自分に向かって、自分のほしいものを何度も唱えよう。

＊成功への提案94　自分の望みを書き出し、何度も声に出して読もう。

95 夢を細部まで思い描く

静かに座って自分のほしいものを具体的に思い描くのも、強力な方法だ。もしかすると、いちばん強力な方法かもしれない。五感をフルに使うからだ。思い描く方法について説明した本は、いいものが何冊か出ているが、始めるのはとても簡単だ。

邪魔の入らないような居心地のいい場所で静かに座る。リラックスする。大きく深呼吸し、気持ちを落ち着かせよう。

心が落ち着いたら、目を閉じて映画のスクリーンを想像しよう。そのスクリーンに、自分のほしいものを映し出す。それらの姿をごく細かいところまで思い浮かべよう。無理にやってはいけない。リラックスして、映像が自然に現れるのを待つ。五感をすべて使って、色、音、匂い、手触りなど、すべてを想像しよう。たとえば自分の家がほしい場合、家の細部まで思い浮かべよう。映像の中に自分の姿を入れてもいい。家族の姿も入れよう。できる限りはっきりと、鮮やかに、想像する。力を入れずに、リラックスして映像を眺める。

これを毎日の習慣にすれば、驚くほど早く夢を実現することができるだろう。この「思い描く」作業に長い時間をかける必要はない。五分か十分でいい。この作業によって、自分のほしいものの絵を潜在意識に伝えているのだ。

そして細部まで思い描いたら、あとは放っておこう。するべきことはしなければならないが、結果に執着してはいけない。必ず実現するのだから。

＊成功への提案95　五感すべてを使って、
自分のほしいものを細かく、できるだけはっきりと想像しよう。

96 宝の地図をつくる

宝の地図とは、視覚を用いて夢の実現をめざす方法だ。自分のほしいものの写真や絵を集める。ときには、新車の写真一枚でもかまわない。ほしいものをいろいろ集め、コラージュにしてもいい。

ほしいもの、行きたい場所、味わいたい感情などのイメージを集めよう。宝の地図をつくるのは本当に楽しい作業だ。材料は、自分で描いた絵でも、雑誌の切り抜きでも、写真でも、とにかく何でもいい。そして出来上がった宝の地図を、毎日目にする場所に貼っておこう。

私の宝の地図は、オフィスの毎日目にする場所に飾ってある。これがあるおかげで、自分の望みに集中し、自分にとっていちばん大切なものを忘れずにいることができる。自分のゴールを潜在意識に刷り込んでいるのだ。

＊成功への提案96

自分がほしいものの写真や絵を集めて、
目につく場所に貼っておこう。

97

「創造の箱」をつくる

宝の地図と同じ種類に属する方法としては、「創造の箱」と呼ばれるものがある。この方法を使うには、ただあなたがちょうどいいと思う大きさの箱を手に入れるだけでいい。

そして新聞や雑誌を読んだり、カタログを見たりするときに、自分の人生にも引き寄せたいものの写真に注意する。それは物質的なもの、たとえばカメラやＤＶＤデッキ、コンピュータ、車、新しい家具などかもしれないし、または精神的な物、たとえば喜び、平和、平穏などかもしれない。

欲しいもの、行きたい場所、手に入れたい心の状態などを表す写真を見つけたら、それを切り抜き、よく眺め、そして創造の箱の中に入れる。あるいは、欲しい物や心の状態を紙に書いて、それを箱の中に入れてもいい。

そして宝の地図の場合と同じように、人生で欲しい物や経験したいことを、自分の意識と潜在意識に教えこむ。こうすることで、あなたは事実上、自分の人生を自分でつくりだすことになるのだ。

私たちの潜在意識は、人生で起こったすべてのことを記憶する。そのことは、催眠術によって証明されている。催眠術にかかった人は、何年も前のことを詳細に思い出すことができる。

あなたの潜在意識は、あなたがあるものを選び、それを手に入れると宣言したという事実を記録し、それをずっと覚えている。それであなたの目的意識はさらに強まり、その結果、さらに早く目標に到達することができるのだ。

折にふれて創造の箱の中身を見直して、自分の望みを再確認しよう。私は箱の中身を見直しているときに、その多くをすでに手に入れていることに気づくことが何度もあった。それはまるで魔法のようだった。

＊成功への提案97　欲しい物や経験したいことを表す写真を切り抜き、
箱の中に入れておこう。

98 欲しいものを引き寄せる

初めて『完璧な顧客を惹きつける』という本を読んだとき、私は自分にとっての完璧なクライアントを思い描いた。そしてその資質をリストにする過程で「高潔である」「可能性を信じている」「成功を目指す意志がある」などの前から意識していたことはもちろん、「環境やすべての生き物の保護に熱心である」という、特に意識していなかったことも発見した。

その何週間か前、私をビジネス・コーチに雇いたいという、ある男性からの電話を受けていた。話を聞いたところ、彼の目的は、狩り（具体的には鹿狩りだそうだ）をするために自由時間を増やすことだった。もちろん人はみな自分なりの価値観を持つ権利があるが、私はこの男性と働くことに大きな葛藤を覚えた。私は、動物保護の支持者であり、すべての生き物の命を尊重するべきだと信じているので、これは大きな問題だ。クライアントを増やしたいと思ってはいたが、しかし、この男性が鹿を殺すための時間をつくるのに手を貸すことはできない、と心の奥底ではわかっていた。

もしあのとき、「完璧なクライアント」のエクササイズをすでにおこなっていたら、私はまったく悩まなかっただろう。

その後、私は自分のサイトにクライアントに望む資質のリストを載せることにした。そうすれば、そのサイトを見たクライアント候補たちは、私が提供できることとともに、私がクライアントに望む資質も知ることができる。先ほどの男性がそのリストを見ていたら、私に電話をしようとは思わなかっただろうし、その結果ふたりとも時間とエネルギーを節約することができただろう。

私たちが暮らすこの世界は、多様な人々によって成り立っている。ただ成り行き任せで満足するのではなく、両者にとって実りある人間関係を、自分の力で手に入れるようにしよう。

＊成功への提案 98　自分にとって完璧な顧客や部下、上司とは?
「完璧な○○」の資質のリストをつくろう。

99

夢とゴールの日記をつける

「生きる価値のある人生は、記録する価値もある」という言葉がある。自分の考えやアイデア、進歩、その他経験したことのすべてを、日記に記録しよう。

私はもう何年も日記をつけているが、六、七年前のものを今読み返して当時の自分の夢を知るのはなかなか楽しいものだ。自分のゴールがいくつも実現していることがわかるので、かなり心強くなる。日記をつけるのは自分の人生を記録する素晴らしい方法だ。中には毎日日記をつける人もいるが、私個人としては、他の場合と同様に、それほど頑張りすぎないほうがいいと思う。

日記は自分の夢やゴールを記録するためのものだ。この作業は少なくとも年に二回はおこなわなくてはならない。私は年の初めと自分の誕生日――これが偶然にも一年の半分の六月なのだが――に、自分の成果の再評価とゴール設定をおこなうようにしている。とにかく、誕生日には自分の人生と夢とゴールについて考える時間を持つようにしよう。おそらく、誕生日が自分にとっていちばん意義深い日なのだから。

これは最近始めた方法なのだが、私は自分の宝の地図から、実現したものを集めてファイルにしている。ある日、私はもう手に入ったものを宝の地図から取り除き、それを捨ててしまわずに保存しておいた。私が開催したワークショップで、参加者の誰かがそれに「実現した夢のファイル」という名前をつけてくれた。それ以来、実現した夢の写真をとっておくことは私の生活の一部になっている。このファイルを見れば、どれだけの夢やゴールが実現したかを思い出すことができる。

＊成功への提案99　日記には自分の夢やゴールを書き、どれが実現したのかも記録しておこう。

100 アイデアのリストをつくる

アイデアはいつでもある。問題は、そのアイデアを忘れてしまったり、価値がない、または突拍子のないものだと考えて捨ててしまったり、考えるだけで実行に移さなかったりすることだ。アイデアのリストをつくるようにすれば、素晴らしいアイデアになる可能性のあるものを忘れることもなくなるだろう。世界で最も成功しているビジネスの中には、ごく単純なアイデアから生まれたものもあるのだから。

アイスクリーム・コーンの起源をご存じだろうか？　一九三四年の万博で、紙のカップを切らしてしまったアイスクリーム売りが、近くのワッフル売りから売れ残りのワッフルを借りて、カップの代わりにしたのが始まりだ。それが現在世界中で使われているアイスクリーム・コーンになったのだ。新しい組み合わせや可能性に対して、常にオープンでいよう。

＊成功への提案100

自分のアイデアをバカにしないで、リストにしておこう。

101 成功のヒントを集める

人生のどこかの分野でもっと成功したいと思っているのなら、日頃から成功している人を観察するよう心がける。運命を自分の手に握り、本来生きるべき人生を生きる方法を、自分で一から考える必要はないのである。

本書で紹介したアイデアや道具やテクニックの他にも、図書館や書店には素晴らしい本がたくさんある。いい本を読むことを習慣にしよう。また、セミナーや講座には可能な限り参加しよう。セミナーに参加すると、知識が増えるだけでなく、似たような考えを持つ人と知り合いになることもできる。ここで、勝者と行動をともにするという原則を思い出そう。ポジティブな考えを持つ人たち、可能な限り最高の人生を生きたいと持っている人たち、つまりあなたに似た人たちと、親交を深めるのだ。

尊敬する人物、偉大な業績を上げた人物の伝記を、頻繁に読むようにするのもいい。そうすることで、成功のパターンが見えてくる。成功するために必要なことのヒントを見つけることができるだろう。

ビジネスで成功することに興味を持っているのなら、ベンジャミン・フランクリン、サム・ウォルトン（ウォルマートの創設者）、ビル・ゲイツ（マイクロソフトの創設者）、本田宗一郎（ホンダの創設者）、豊田佐吉（トヨタの創設者）、盛田昭夫（ソニーの創設者）、レイ・クロック（マクドナルドの創設者）、電球を発明したトーマス・エジソン、ヘンリー・フォード（フォード自動車の創設者）、メアリー・ケイ・アッシュ（メアリー・ケイの創設者）など、ビジネスで大成功した人たちの伝記を読もう。その中から、彼らが取ったステップや、彼らの考え方を学ぶことができるだろう。

そして何よりも重要なのは、彼らが目標達成までの道のりで遭遇した困難について学ぶことだ。これらの大成功している人々は、たとえどんなことが起こっても、最後までがんばり通した。あきらめる気などみじんもなかった。彼らにとって、失敗は単なる一時的な後退であり、何かを学ぶ経験だったのだ。

＊成功への提案101　学ぶ機会や手段はいくらでもある。
週に一冊は、自分の成功に役立ちそうな本を読もう。

102

究極の目標を立てる

必要なお金はすべてあり、絶対に失敗しないとしたら、あなたは何をするだろう？　この地球上で、達成したいものは何だろう？　自分の時間とエネルギーを、何にいちばん注ぎ込むだろう？　あなただけができる世界への貢献は何だろう？　あなたにとって大切なこととは何だろう？

ノートに、自分の究極の目標を、細部にわたるまで克明に描写してみよう。

私たちは、何かをするためにこの世に存在する。あなたも幸運な人の仲間なら、自分の存在意義を発見し、それに向かって進んでいこう。夢にも思わなかったような人生が送れるはずだ。

＊成功への提案102

自分だけがこの世で達成できることは何か？
究極の目標を立てて、それに向けて進もう。

103 成功すると決心する

おめでとうございます！　あなたは理想の人生に向けて、大きく一歩を踏み出したところだ。

理想の人生を送ると、今、決心しよう。必要な道具はすべて持っている。あなたはすでに、自分が人生に望むものをはっきりと自覚している。あとは、あなた次第だ。最善を尽くして夢を追い求めることを、自分に対して約束しよう。自分は成功すると、今すぐ決心しよう！

行動すると決心できるのは、あなたしかいない。あなたのほしいものが何であれ、それはあなたのことを待っている。あなたのやることは、ほしいものを決め、行動を起こすことだけだ。そして、ウィンストン・チャーチルが戦闘前のイギリス軍に言った言葉を借りれば、「決して、決して、決して、決して、あきらめるな」。または、これを前向きな表現にしてもいい。

いつも、いつも、いつも
夢見た人生を生きよう！

＊成功への提案103

**夢を持ち、ゴールを決め、成功すると決心して、
今すぐ始めよう。**

おわりに

あなたはすべてを手に入れた。時の洗礼を受け、効果の実証されたアイデアは、すでにあなたのものだ。それらのアイデアを使って、夢にも見なかったような素晴らしい人生を実現させよう。私にはわかる。実際にやったからだ。今度はあなたの番だ。

あなたは、行動を厭わないだろうか？　できないという思い込みを捨てる意志はあるだろうか？　怠惰な生活習慣を変えようとするだろうか？　自分のほしいものを明確にし、それらを紙に書き、ゴールを定め、望みの人生を生きる準備はできているだろうか？　そして最後に、夢を実現させるために必要な行動を起こし、望みの人生を創り出す意志はあるだろうか？　今のあなたは、理想の人生を「デザインする」道を歩き出しているのである。

あなたは、本当に理想の人生を生きることができる。そして、今、始めなければならない。

これがあなたの人生だ。リハーサルではない。

ジム・ドノヴァン

編集部あとがき

２０００年に小社より発行された『誰でもできるけれど、ごくわずかな人しか実行していない成功の法則』（原題：This Is Your Life, Not A Dress Rehearsal）と、２００３年に発行されたその続編（原題：Take Charge of Your Destiny）はベストセラーとなり、版を重ねてきました。このたび、その2冊から特に役立つ項目を厳選し1冊に再編集したのが本書です。

原題を日本語にすると、それぞれ「これがあなたの人生だ、リハーサルではない」「自分の運命に責任を負いなさい」ということになります。著者のジム・ドノヴァン氏のメッセージが簡潔にまとめられた言葉です。

正編については発売からほどなく、トヨタ自動車社長（現在名誉会長）の張富士夫氏が次のように評してくださいました（『ウェッジ』二〇〇一年三月号）。

『誰でもできるけれど、ごくわずかな人しか実行していない成功の法則』は、夢をかなえ、理想の人生を送るための手引き書だ。（中略）人生の成功に向けたアイデアが平易な文章で書かれており、どこからでも読み始められるのが特徴である。

ただ「成功」といっても、それは出世とか金儲けといった類のものではなく、人間関係、仕事、健康、精神や感情、経済、教育――という人生における6つの主な分野が対象。（中略）その一つひとつが著者自ら「どん底からはい上がってきた」というように、実体験に基づいており、説得力は十分だ。（後略）

この評は続編にも当てはまります。

どこからでも読み始めることができ、すぐに実行できる。そんなアイデアが満載された2冊から新たに生まれた本書を活用していただければ幸いです。

２０１４年８月

ディスカヴァー・トゥエンティワン編集部

ディスカヴァー携書 125

誰でもできるけれど、ごくわずかな人しか実行していない成功の法則 決定版

発行日　2014年8月25日　第1刷
　　　　2014年10月20日　第6刷

Author　ジム・ドノヴァン

Translator　桜田直美
Book Designer　坂川事務所
　石間 淳（本文）

Publication　株式会社ディスカヴァー・トゥエンティワン
〒102-0093 東京都千代田区平河町2-16-1 平河町森タワー11F
TEL 03-3237-8321（代表）
FAX 03-3237-8323
http://www.d21.co.jp

Publisher　干場弓子
Editor　藤田浩芳

Marketing Group
Staff　小田孝文　中澤泰宏　片平美恵子　吉澤道子　井筒浩　小関勝則　千葉潤子　飯田智樹　佐藤昌幸　谷口奈緒美　山中麻吏　西川なつか　古矢薫　伊藤利文　米山健一　原大士　郭迪　松原史与志　蛯原昇　中山大祐　林拓馬　安永智洋　鍋田匠伴　榊原僚　佐竹祐哉　塔下太朗　廣内悠理　安達情未　伊東佑真　梅本翔太　奥田千晶　田中姫菜　橋本莉奈
Assistant Staff　俵敬子　町田加奈子　丸山香織　小林里美　井澤徳子　橋詰悠子　藤井多穂子　藤井かおり　葛目美枝子　竹内恵子　熊谷芳美　清水有基栄　小松里絵　川井栄子　伊藤由美　伊藤香　阿部薫　松田惟吹

Operation Group
Staff　松尾幸政　田中亜紀　中村郁子　福永友紀　山﨑あゆみ　杉田彰子

Productive Group
Staff　千葉正幸　原典宏　林秀樹　石塚理恵子　三谷祐一　石橋和佳　大山聡子　大竹朝子　堀部直人　井上慎平　松石悠　本田千春　木下智尋　伍佳妮　張俊崴

Printing　凸版印刷株式会社

ISBN978-4-7993-1543-9

携書ロゴ：長坂勇司
携書フォーマット：石間 淳